JN057314

住宅インテリアのための
実践カラーテクニック

[改訂版]

日本カラーデザイン研究所

滝沢真美

Color Techniques
for
HOUSE
INTERIOR

はじめに

　私がカラーマーケティングという今の仕事に就いたのは35年前、ちょうどインテリアコーディネーター制度が始まった直後でした。幅広い分野が対象となる色彩の世界でも、住宅、住設・建材、家具、インテリアファブリック等の住関連企業の仕事が増え、私自身は学生時代、建築やインテリアは専門外だったにも関わらず、仕事を通してこの世界を学び、今ではどっぷりとこの業界に浸かって仕事をしています。

　そんな中、インテリア空間は和洋の様式性が薄れ、定番的なスタイルより自分の好きなものを自由にミックスするコーディネートが増えていると感じることが、最近は多くなりました。インテリアコーディネートにおいても一般の人のレベルが上がり、インテリアコーディネーターも相手のニーズを考慮しながら、プロとしてより魅力的な提案をすることが求められています。アーティストや作家は別ですが、プロのコーディネーターがカラーコーディネートやインテリアスタイルの基本を知らず、自分の感覚だけに頼るのは危険です。色やデザインは感覚的なもので、生まれつきのセンスだと思われがちですが、実はシステムやルールを学ぶことで、客観的にそれらを取り扱うことができると思っています。

　そこで、本書では知性と感性の両面からインテリアコーディネートを考えられるようなノウハウを提供したいと思い、タイトルにあるように、インテリア空間の中で使える実践的なカラーテクニックを総合的に学べるテキストブックづくりを目指しました。インテリアコーディネーターや設計者、営業マンなどの住宅産業に関わるプロから、インテリアを学ぶ学生やインテリア好きの一般の方まで幅広く読んでいただきたいと思います。

　この本を出版するにあたり、発行元であるトーソー出版の藤橋佳子さんと、編集を担当した株式会社デュウの川下靖代さんに大変お世話になりました。また、ビジュアル資料をお貸しいただいた企業の皆様にも感謝申し上げます。そして、最後になりますが、私が所属している株式会社日本カラーデザイン研究所の現在の同僚や元同僚の皆様に、深く御礼を申し上げます。これらの皆様のお力なくしてはこの本は完成しなかったと思います。

　この本を通じて、これからのインテリアコーディネートがより魅力的なものとなるよう願っています。

2019年2月

滝沢真美

CONTENTS

第1章

インテリアカラーを
知るための
色の基礎知識

―色を伝える方法　色名と表色系―

Chapter

1

本章の目的：
色を伝える方法を知る

　私たちは、日常生活の中で相手に色を伝えるときには、一般的に赤、青、緑といったように色名をよく使います。しかし、一言に赤といっても世の中にはさまざまな赤が存在し、人によって連想する赤色は異なります。そのため、色名である程度の範囲は伝えられても、正確に自分が思い描く赤の色を伝えることは容易ではありません。特に、インテリア空間でよく使用される色は白、ベージュ、茶色などで色の範囲が狭いため、よりデリケートな色の違いを正確に伝えることができなれければ、自分と相手の思い描くインテリア空間が異なるイメージのものとなってしまいます。

　そこで、色を正確に記録・伝達・再現するために、定量的（数値や記号でデジタル的に表現する方法）に表現する色彩体系が考えられました。本章ではその中でもインテリアのカラーを使いこなすために必要な「マンセル表色系」と「HUE＆TONEシステム」の2つの基本的なシステムについて学びます。

Chapter 1 — 1 | 表色系の分類

色を正確に記録・伝達・再現するための定量的な方法が、表色系と呼ばれる色彩体系です。「赤」や「青」などの色名をアナログとすると、数値や記号で表される表色系はデジタル。国境を越えて使われるグローバルなものですが、システムを理解していないと使うことができません。

表色系は顕色系と混色系に分けられます。顕色系は物体色[1]を色知覚の心理的な三属性（一般的には色相・明度・彩度の3つ）によって定量的に分類表記するもので、その代表が「マンセル表色系」です。混色系は光の混色理論[2]に基づき、その混合割合によって色の特徴を判別するもので、代表が「XYZ表色系」です。マンセル表色系とXYZ表色系の2つはJIS（日本産業規格）で色の表示方法として採用されています。

前者は色票（カラーチャート）化されており、見た目の色と数字や記号がリンクしているため、システムを理解すれば使い勝手のよい仕組みです。JISの標準色票では2141色（第9版）の色体系となっているため、色名より細かい色の違いを伝えることができます。

後者は物体の表面色[3]だけでなく、透過色[4]、光源色[5]にも使うことができ、判別できる色数が500万色にもなるため、より高精度な色の管理に向いているといえます。

インテリアコーディネーターや設計者がインテリア空間で色を扱ううえでは、日本塗料工業会の色見本などでマンセル値が使われていることもあり、マンセル表色系を理解することが避けて通れません。また、配色理論やカラーイメージなど具体的なデザインをするうえでは、マンセル表色系を基につくられた「HUE&TONE」システムの利便性が高く使いやすいため、本書ではマンセル表色系およびHUE&TONEシステム、この2つのシステムを紹介します。

図表1-1　表色系の分類

---

[1] 光源からの光を受けた際に物体が示す色。
[2] 光の三原色R（赤）・G（緑）・B（青）の混合比によってすべての色を表すことができるとする理論。色を加えるほど明るくなるため加法混色と呼ばれている。一方、インクなどの色材のように、色を加えるほど暗くなる混色を減法混色といい、その三原色はC（シアン）・M（マゼンタ）・Y（イエロー）である。
[3] 物体色のうち、物体表面から反射される色。
[4] 物体色のうち、半透明な物体を透過した光によって生ずる色。
[5] 光源そのものが発する色。

マンセル表色系（修正マンセル表色系）

マンセル表色系は、アメリカ人の画家で美術教師でもあったアルバート・マンセルが、1905年に色を系統的に整理するために創案した色彩体系です。その後、一部の不具合についてOSA（アメリカ光学会）の測色委員会がすべての色の差が均等な間隔になるように修正したものが修正マンセル表色系となり、現在マンセル表色系といえば修正されたものを指します。

基本となる考え方は、色を色相、明度、彩度の三属性で定量化して表すというもので、その色空間は色立体として3次元で表現されます（図表1-2）。真上から見た円周状に色相、縦軸方向に明度、奥行き方向に彩度が並んでいます。

1.色相（Hue）

色相とは色合いの違いを指します。有彩色にだけある概念で、10色相が基本です。

マンセルの色相は英語の色名の頭文字を取ったR＝赤、Y＝黄、G＝緑、B＝青、P＝紫の5主要色相を基本とし、各色の中間にYR＝黄赤、GY＝黄緑、BG＝青緑、PB＝青紫、RP＝赤紫を加えた合計10色相で成り立っています（図表1-3）。

さらに、一つの色相を10等分することで、10×10の100色相に分割されます。例えばRであれば1R、2R、3R、4R、5R、6R、7R、8R、9R、10Rとなり、数値の小さい1Rは色相RPに近いのでピンク寄りの紫みの赤、数値の大きい10Rは色相YRに近いオレンジ寄りの黄みの赤となります。すべての色相において5が中心

となります。実際には100色相では細かすぎるため、JISの標準色票では一つの色相を4等分した40色相、例えばRであれば2.5R、5R、7.5R、10Rが使われています。

色相の数は、表色系の種類によって異なります。ほかの表色系の多くは赤、黄、緑、青の4色を基本としているのに対して、マンセルは青と赤の中間に紫を加えて5色を基本としている点が大きな特徴です。これはマンセルが絵描きであったためといわれています。

2.明度（Value）

明度とは明るさの度合いや明暗の違いを指し、有彩色、無彩色の両方にある概念です。

マンセルの明度は理想的な黒を0、理想的な白を10として、その間を知覚的に等間隔になるよう11段階でつくられています。しかし、色票では理想的な黒や白は表現できないため、1〜9.5の範囲が使われています。

色立体では明るい色が上、暗い色が下に並ぶように配列されており、上から9.5/、9/、8/、7/、6/、5/、4/、3/、2/、1/となります。数値が大きく明るい色を高明度色、数値が小さく暗い色を低明度色といい、中間くらいの明るさの色は中明度色といいます。

明度は色味のまったくない無彩色を基準に決められていますが、有彩色の明度を表す場合は、色味を取り払って明るさの感覚だけに注目し、無彩色の明度に置き換えてそれと同じ数値で表現します。有彩色の明度はおおむね2〜9の数値が使われます。

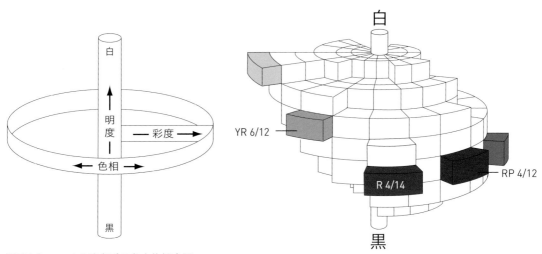

図表1-2　マンセル表色系の色立体概念図

(日本色彩学会編・東京大学出版会刊『新編 色彩科学ハンドブック 第3版』P231を参考に作成)

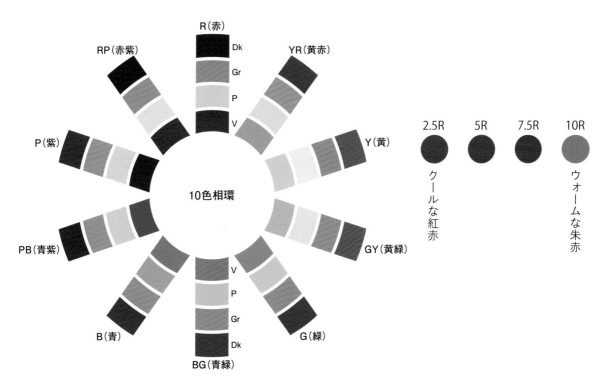

図表1-3　マンセル色相環

色相環 (Hue circle) とは色相を環状に配置したもの。マンセル表色系では色相はRから始まりRPで終わるが、RPがRにつながり循環している。
※右の2.5R 〜10Rの色は、違いが分かりやすいようにややオーバーに表現している。

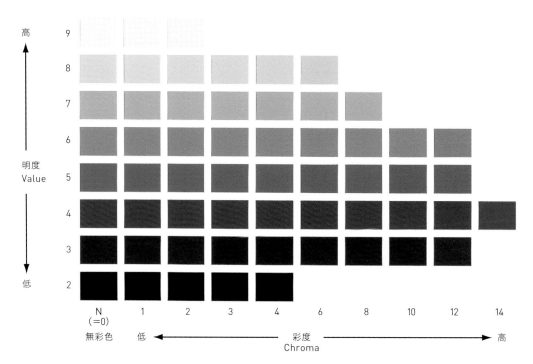

高 ↑ 明度 Value ↓ 低

9
8
7
6
5
4
3
2

N(=0)　1　2　3　4　6　8　10　12　14

無彩色　低 ←── 彩度 Chroma ──→ 高

図表1-4 5Rの等色相面（日本規格協会刊『JIS標準色票 光沢版 第8版』を基に作成）

縦軸方向に明度、横軸方向に彩度が並ぶ。Nは無彩色で上に行くほど明るく下に行くほど暗い色となる。JIS標準色票では2〜9が表示されている。有彩色で無彩色と同じ明度の位置にあるものは、明度は無彩色と同じとなる。彩度は0が無彩色（Nで表記）で右に行くほど派手な色となる。5Rの場合、純色は明度4のところで彩度14となっている。高明度や低明度のところには高い彩度は出にくいことが分かる。

3.彩度（**Chroma**） クロマ

　彩度とは鮮やかさの度合い、または派手・地味の違いのことで、有彩色にだけある概念です。

　マンセルの彩度は色味をまったく持たない無彩色を0とし、色味の冴え方の度合いによって等歩度的に数値が大きくなり、最大値が14〜16程度となります。最大値に幅があるのは色見本の種類によって最大彩度の出方が違うためです。JISの標準色票では14が最大となっています。

　色立体では、彩度0が無彩色で明度の基準軸となり、外側に行くほど鮮やかさを増して、/1、/2、/3、/4、/5、/6、/7、/8、/9、/10、/11、/12、/13、/14のように表記します。ただし、色相によって最大彩度が異なり、RやYでは14程度、PBでは12程度、BGでは8程度となります。数値の大きい派手な色を高彩度色、数値の小さい地味な色を低彩度色、中間程度の彩度を中彩度色といいます。各色相の最大彩度の色を純色といいます。

　また、それぞれの色相の純色はYを除きほぼ中明度あたりに出現し、高明度や低明度では

高い彩度は出にくくなっています。

　明度と彩度の分布は、色立体の一つの色相を縦方向と奥行き方向の断面に切った等色相面(図表1-4)で確認するとよいでしょう。最大彩度が色相によって違うのはマンセル表色系の大きな特徴でもあります。

4.マンセル値の表記方法

　実際にマンセル表色系で色を表す際は、有彩色は「H(色相)V(明度)/C(彩度)」と表記し、明度と彩度の間に/(スラッシュ)を入れます。例えば、赤は「5R4/14」となり、「5アール4の14」と読みます。

　無彩色は彩度0ですから色合いの違いがなく、あるのは明度のみとなります。そのため、無彩色の英語Neutralの頭文字Nに明度の数値を付けて表記します。例えば白は「N9.5」、ミディアムグレーは「N5」、黒は「N1」といった具合になり、それぞれ「エヌ9.5」、「エヌ5」、「エヌ1」と読みます。

5.マンセル表色系の特徴

　マンセル表色系は理論が先にあるのではなく、基準となる色ともう一つの色を2分位して、その中間色をつくるというステップを踏み、見た目の感覚を重視して等歩度的に数値を付けていったという開発過程に大きな特徴があります。そのためマンセルの色立体は、現在ある色より派手な色がつくられた場合にそれを加えることができ、今後も育っていくと

いう意図でマンセルツリーとも呼ばれています。色相によって最大彩度が違い、最大彩度の出る位置も色相によって異なるため、マンセルの色立体は不均一な形をしているのです。これはデメリットというより特徴と捉えることができます。マンセル表色系は3次元の立体空間の中に一つ一つの色の位置が明確に決められているため、数値での伝達や管理という点で優れたシステムです。

　このような特徴を持つマンセル表色系は、景観色彩の分野でマンセル値規制として採用されています。例えば東京都の景観色彩ガイドラインでは、建築物の立地や規模に応じて使用できる外壁基本色について、色相ごとに明度と彩度の範囲を細かく規定しています。色相RからYの暖色系は彩度4まで認められても、ほかの色相は彩度1以下というケースもめずらしくありません。環境色に多い色相か否かに加え、不均一な色立体の形を考慮し、高彩度が出ない色域では彩度が低く抑えられているのです。

　景観ではベージュやグレーが多く使われますが、色名での伝達は個人差があり、正確な色の管理ができません。マンセル値を使うことで、目に見えている色をデジタル的に数値で扱うことができるのです。それがマンセル表色系の最大のメリットともいえるでしょう。

　ただし、3次元で定量化されているため、配色理論や色をイメージで捉えるという点では使いにくさが残ります。そのデメリットを払拭し、配色やカラーイメージの視点から考え出されたカラーシステムを次に紹介します。

Chapter 1 – 3 | HUE&TONEシステム

マンセル表色系に基づきながら明度と彩度を色の調子＝トーンとして捉え、色を色相とトーンの2次元で整理した仕組みが、（株）日本カラーデザイン研究所（略称NCD）で開発されたHUE&TONEシステム（図表1-5〜1-7）です。現在、インテリアやファッションの分野をはじめ産業界で広く使われています。

通常使用されているのは10色相×12トーンの有彩色120色に無彩色10色を加えた130色の色体系（図表1-6）ですが、後述する43色相レベルの細かい色票では、トーンも細分化された25トーン、無彩色も0.5刻みの明度の18色が加えられた計1093色の色体系（図表1-7）が使われています。

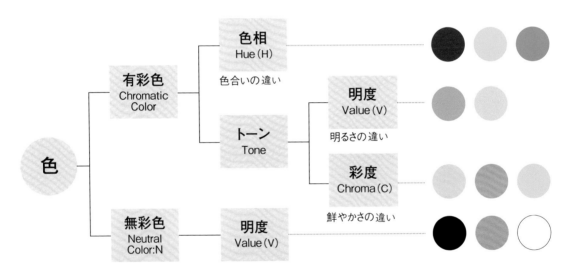

図表1-5　マンセル表色系の色の3属性とHUE&TONEシステムの関連

有彩色は、マンセル表色系では色の三属性（色相・明度・彩度）がそれぞれ独立したものとして含まれるが、HUE&TONEシステムでは明度と彩度を組み合わせたトーンを採用し、色相との2次元で表現する。無彩色は明度のみで成り立っているため、マンセル表色系とHUE&TONEシステムは同じ表現となる。

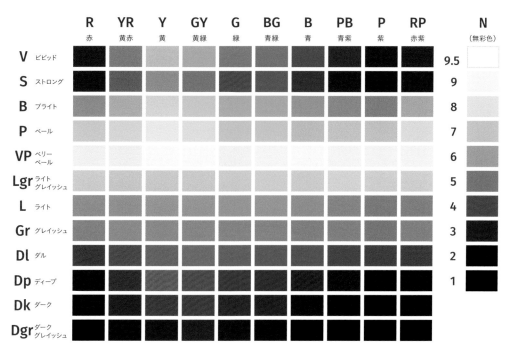

©2018(株)日本カラーデザイン研究所

図表1-6　130色のHUE&TONE図

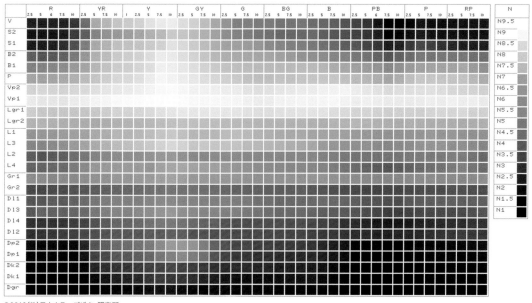

©2018(株)日本カラーデザイン研究所

図表1-7　1093色のHUE&TONE図

1.色相（HUE）

　色相はマンセル表色系と同じ10色相が基本です。記号と意味もR＝赤、YR＝黄赤、Y＝黄、GY＝黄緑、G＝緑、BG＝青緑、B＝青、PB＝青紫、P＝紫、RP＝赤紫でまったく同じです。そのため、マンセル表色系との互換性が高いというメリットがあります。

　色相をもっと細かく見る場合、マンセル表色系では一つの色相を4等分した40色相がJISの標準色票で採用されています。HUE＆TONEシステムでは、これに6R、1Y、6PBを加えて43色相に細分化しています。これらの色相が増えている理由は、その色域に該当する赤、アイボリー、ベージュ、紺が商品色としてボリュームゾーンであり、マーケティングや商品開発では、そのデリケートな色の違いが重要となるためです。

　特に住関連分野では10YRから2.5Yの間に色が集中するため、1Yは非常に重要な色相と位置付けられています。2019年版より日本塗料工業会の色見本にも1.25Yと6.25PBの色相が追加され、使い勝手がよくなりました。

2.トーン

　トーンは色の明暗を表す明度と、派手・地味の感覚を表す彩度を一緒にして、色の調子としてまとめたものです。等色相面で色の印象の近い部分をグルーピングして12の代表色を取り出し、12トーンとしています。(図表1-8、1-9)。トーンが同じであれば、異なる色相でも同じような印象を受けるというのが基本的な考え方です。トーンの名称は「V（ビビッド）」や「Dgr（ダークグレイッシュ）」などの色の調子を表す英語の頭文字で表記されます。

　トーンの概念を採用しているほかのカラーシステムとして、財団法人日本色彩研究所が開発したPCCS（Practical Color Co-ordinate System）＝日本色研配色体系があります。明度と彩度を一緒にしたトーンという考え方はほとんど同じですが、トーンの一部の名称と位置、アルファベットの表記方法はすべて異なっていますので、PCCSに慣れている場合は注意してください。ここでは、NCDのHUE＆TONEシステムのトーンについて掘り下げて見ていきます。

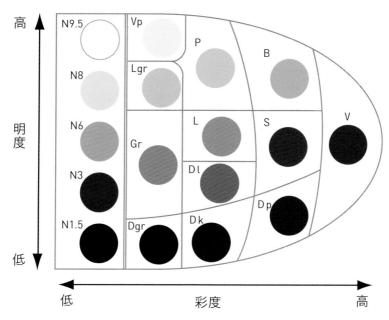

©2018（株）日本カラーデザイン研究所

図表1-8　トーン図

記号	読み方	意味	2分割	4分割
V	ビビッド	するどい	清色	はで
S	ストロング	つよい	濁色	
B	ブライト	あかるい	（明）清色	あかるい
P	ペール	あわい		
Vp	ベリーペール	ごくあわい		
Lgr	ライトグレイッシュ	あわくよわい　あかるい灰みの	濁色	じみ
L	ライト	よわい		
Gr	グレイッシュ	しぶい　灰みの		
Dl	ダル	にぶい		
Dp	ディープ	こい	（暗）清色＝心理的濁色	くらい
Dk	ダーク	くらい		
Dgr	ダークグレイッシュ	ごくくらい		

図表1-9　12トーン

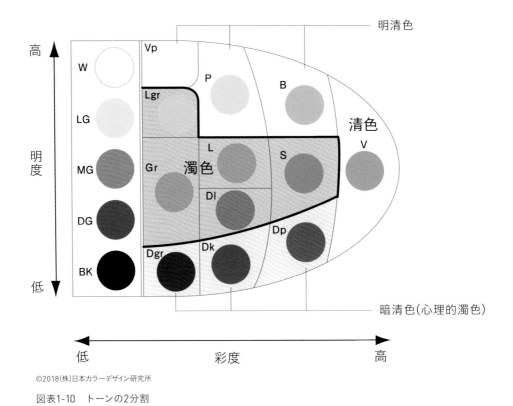

図表1-10　トーンの2分割

❶トーンの2分割

　HUE&TONEシステムでは12トーンを基本としていますが、トーンの理解を深めるために、全体を2分割したものと4分割したものを解説します。

　まずトーンの2分割とは、図表1-10のように12トーンを清色、濁色に分けて捉える考え方です。清色は澄んだ印象のきれいな色、濁色は濁った印象の穏やかな色が該当します。

　純色であるVトーンを基本とし、そこに無彩色の清色の白を加えてできるB、P、Vpトーンを明るい清色という意味で、明清色といいます。これらの色は明るく清潔感のある印象となります。一方、Vトーンに無彩色の清色の黒を加えてできるDp、Dk、Dgrトーンは暗い清

色という意味で暗清色と呼ばれ、重厚な印象です。これらの色は清色の特徴である澄んだ色の印象がなく、感覚的には濁色に近いため、心理的濁色にグルーピングされます。

　Vトーンに、無彩色の濁色であるグレーを加えてできるS、L、Dl、Lgr、Grトーンは濁色に分類されます。グレーの明るさや分量によってトーンは変わりますが、共通するのは濁りがあって穏やかな印象であることです。

　清色は晴天や高照度の下できれいに見える色で、人工材料にマッチしやすく、春夏商品に多く見られる色です。清潔感、若々しさ、色のきれいさを表現するのにふさわしい色感表現の色といってよいでしょう。一方、濁色は曇天や低照度の下できれいに見える色で、

	清色	濁色
特徴	若々しさや清潔感を訴求	上質感やシックさを訴求
	色のきれいさを表現したいとき	素材感や質感を表現したいとき
	高照度　直接照明	低照度　間接照明
	人工素材	自然素材
	春夏向け	秋冬向け
	ヤング向け	アダルト向け
代表色名	白　黒	グレー
	アイボリー	ベージュ　茶
	赤　黄　青	エンジ　ゴールド　紺
	ピンク　ターコイズ　水色	ワイン　モスグリーン

図表1-11　清色と濁色の特徴と代表色

図表1-12　清色の水回り（LIXIL　カラー：ピュアホワイト）

図表1-13　濁色の水回り（LIXIL　カラー：ノーブルトープ）

清潔感を訴求する必要のある水回り空間では、清色の代表である白がよく使われる（図表1-12）。しかし最近は濁色の
グレイッシュな内装が定番化し、濁色に合う衛生陶器も新色として登場している（図表1-13）。

自然材料にマッチしやすく、秋冬商品に多い色です。穏やかさ、デリケートさ、上質感を表現するのにふさわしい質感表現の色といえます（図表1-11〜1-13）。

　清色と濁色の2分割のトーンは色の印象を大きく左右し、人の嗜好においてもコンセプト表現においてもとても重要な概念です。この2つの違いをきちんと認識してトーンを使い分けましょう。

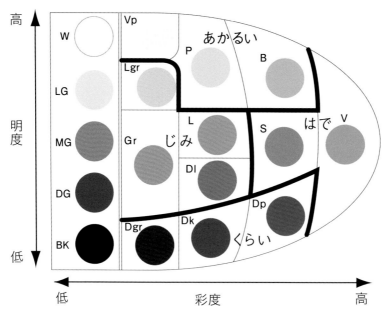

図表1-14　トーンの4分割

❷トーンの4分割

　トーンの4分割とは、12トーンを「はで」、「あかるい」、「じみ」、「くらい」の大まかな4グループに分けて捉える考え方です(図表1-14〜1-19)。「はで」なトーンにはV、Sの2つのトーンが該当します。清色、濁色という違いはありますが、いずれも高彩度色で目立ち、色相が持つ感覚がはっきりと表現されやすいという特徴があります。そのため、サインや看板、企業のCI(コーポレート・アイデンティティ)などのグラフィックカラーやスポーツ用品などで展開されやすく、空間では全面使いよりアクセント使い、日常より非日常空間での使用が多くなっています。

　「あかるい」トーンにはB、P、Vpの3つのト

ーンが該当します。いずれも明清色のためきれいな色という印象があり、清潔感、若々しさ、やわらかさなどを訴求します。Bトーンは色味がはっきりしているためカジュアルな印象となり、Pトーンはパステルカラーといわれる色ですが、両者ともにキャラクター商品やファンシーな商品などに多く見られます。Vpトーンはオフホワイト調ともいわれ、ソフトでやわらかい印象なので、ベビー用品や無撚糸などのやわらかいタオル、肌着などの色としてよく使われます。PトーンやVpトーンを使うことの多い洋菓子のドラジェ(アーモンドに砂糖をコーティングした菓子)からは、甘さの持つ幸福感が感じられます。インテリア空間で重要なアイボリーは白にわずかに黄みの入っ

4トーン分類	特徴	トーン名	主な展開例	別名
はで	スポーティーで目立つ色	V	グラフィックカラー スポーツ用品	―
		S		―
あかるい	きれいな色	B	キャラクター商品	―
		P	化粧品や菓子のパッケージ	パステルカラー
		Vp	ベビー用品、壁紙	オフホワイト調
じみ	自然の色	Lgr	カーテン、和装の色無地	グレイッシュパステル
		L	明るい木目、肌色	―
		Gr	砂、低彩度の土、カーペット	―
		Dl	中明度の木目、土	―
くらい	高級な色、時間経過を感じさせる色	Dp	皮革	―
		Dk	スーツ、暗い木目	―
		Dgr	ごく暗い木目	オフブラック調

図表1-15　トーンの4分割の特徴

た色ですから、色相YのVpトーンとなります。「じみ」なトーンはLgr、L、Gr、Dlの4つのトーンが該当し、いずれも濁色で穏やかな印象です。これらの色は自然界に多く見られる色で、木の色、土の色、砂の色などインテリア＆エクステリアの分野では重要なトーンです。

Lgrトーンは、別名グレイッシュパステルともいわれ、デリケートでエレガントな印象となります。清色のPトーンとの違いを注意深く観察してください。和装の色無地や附下、訪問着などのベースカラーとして使われ、奥ゆかしい和の世界が表現されます。また、内外装で最も多く使われるベージュは、色相YRのLgrからLトーンにかけての色域となります。ベージュ以外でもLgrトーン全体が、カーテン

のベースカラーとして多く使われています。

LトーンとDlトーンは中彩度の領域で、中間色という名称で表現される場合もあります。色相YRのLトーンは、日本人を含む黄色人種の肌色に該当します。その狭い範囲の中で、色白、普通、色黒、ピンク系、オークル系といった具合に細かく分類されているわけです。また、床や家具などのインテリアに使われる木の色（木目色）のボリュームゾーンもじみなトーンの範囲に入り、Lトーンは明るい木の色、Dlトーンは中明度の木の色が該当します。Dlトーンは土の色としてもよく見られるトーンです。

Grトーンは、じみなトーンの中でも最も渋い印象の色で、場合によっては汚い色に感じ

図表1-16
はでなトーンの例

図表1-17
あかるいトーンの例

図表1-18
じみなトーンの例

図表1-19
くらいトーンの例

はでなトーンは注視性が高いため、グラフィックカラーとして使われることが多い(図表1-16)。高明度のあかるいトーンは色のやわらかさ、美しさを表現しやすい。日本の春を代表する桜の花の色はその代表である(図表1-17)。じみなトーンに分類されるベージュから低彩度のグレージュにかけては、カーテンのカラーとしてよく使われている(図表1-18)。くらいトーンは古民家などの暗い木目色を使った空間でよく見られる(図表1-19)。

られることがありますが、侘び寂びに通じるシックな色と捉えるとよいでしょう。具体的には彩度の低い土や砂の色として見られるほか、外壁色やカーペットの色としても多いゾーンです。

「くらい」トーンにはDp、Dk、Dgrの3つのトーンが該当し、いずれも暗清色で心理的濁色に分類されます。くらいトーンの特徴は、高級感、古めかしさや伝統感を表現しやすいことです。高級品のパッケージは、あかるいトーンよりワインカラーやエンジ、こげ茶、紺、深い紫などのくらいトーンの色が圧倒的に多いはずです。また、白木が時間とともに深みを増して飴色や古木のような暗色に変化するように、クラシックやアンティーク商品にも多く見られます。

Dpトーンはくらいトーンの中でも高彩度色に位置付けされます。色自体にコクがあり、皮革製品の色に多く見られます。Vトーンのスポーティーさに対して、よりゴージャス感が感じられるトーンです。

Dkトーンはファッション分野ではスーツやボトムの基本色となり、インテリア分野では暗い木の色に該当します。特に色相PBの紺色は、制服やビジネススーツの色に多く見られ、日本人の肌色を引き立てて勤勉で知的なイメージを訴求します。藍染めの流れから来ている色でもあるため、日本人に長い間愛されている色といえます。

Dgrトーンはオフブラック調といわれ、紺より暗い濃紺、茶色より暗い焦げ茶など、より明度の低い色です。現在ではDkトーンと同様に生活の中で頻繁に使われています。黒に近いごく暗い木の色もこのトーンに該当します。

3.HUE&TONEの表記方法

　HUE&TONEシステムにおける色の表記方法は、有彩色では「色相（HUE）/トーン（TONE）」というように、スラッシュの左側に色相、右側にトーンを書きます。例えば、赤で「5R/V」は「5アールのビビッド」と読みます。無彩色はマンセル表記とまったく同じで、Nと明度の数値を組み合わせたものを使います。例えば白は「N9.5」、黒は「N1」となります。

4.HUE&TONEシステムの特徴

　HUE&TONEシステムは、トーンという概念を使用して2次元で色を整理できることから、収集した商品色のデータの特徴を分布パターンにして認識することができます。また、色相別でもトーン別でも定量化することができるため、比較分析や経年変化分析などが可能となり、商品色のマーケティング調査や商品企画の際に便利に使うことができます。データを積み重ねていくと、ある分野や特定のアイテムのベーシックカラー＝基本色を知ることができます。基本色を理解することは、販売戦略上とても重要です。第2章では、HUE&TONEシステムを使ってインテリアの基本色について解説します。

　マンセル表色系は3次元でより細かい数値管理に向きますが、配色理論と結び付きにくいという特徴があります。一方、HUE&TONEシステムのトーンは色のイメージや印象がどの色相でも共通であるため、狙ったイメージ

にふさわしい色を比較的簡単にピックアップでき、具体的なデザインにおける配色もしやすいというメリットがあります。HUE&TONEシステムを使った配色理論は第3章で紹介します。

5.2つのシステムのまとめ

　最後に第1章のまとめとして、2つのシステムの共通点と違いを確認し、それぞれの特徴をまとめておきたいと思います。

　共通しているのは、ともに定量的につくられたシステムのため、あいまいな色名と比較して客観的に色を取り扱うことができることです。しかも色票という目に見えるものがあり、ある程度仕組みを理解すれば誰もが使えます。ただし、混色系のような高精度な色管理にはどちらも適していません。

　2つのシステムの違いは、3次元の立体空間で整理されるか、2次元の平面で整理されるかという点です。3次元のマンセル表色系は、ピンポイントで色を取り出すことができるため、数値を使った色の伝達や管理に向いています。一方、2次元のHUE&TONEシステムは統計処理しやすいので、マーケティング調査に向いています。同じトーンであれば色相が違っても共通のイメージが表現できるため、配色や具体的なデザインに使いやすいというメリットもあります。

　2つのシステムの特徴を理解し、場面に応じて使い分けをするようにしましょう。

第2章

インテリアで使われる色の特徴

―インテリア慣用色と基本色―

本章の目的：

インテリア空間で使用される色の特徴を知る

　たくさんの色がある中で、分野によって使われやすい色は異なります。例えば、派手な印象の赤や明るい清色のピンクは女性の洋服では一般的によく見られますが、インテリア空間の中ではどうでしょうか？　壁紙の白、フローリングや家具の茶色、カーテンのベージュ、ソファのグレーというように、どちらかといえば地味でおとなしい色が多く使われているとは思いませんか？

　また、ファッションの世界に目を向けると、ビジネススーツには紺やグレー、ワイシャツには白や淡い色、ネクタイにはアクセントになるような目を引く色が用いられるように、同じ分野の中でもアイテムによってよく使われる色が異なることがあります。同じようにインテリア空間の中でも使われやすい色があり、さらに部位やアイテムによって使用頻度が高い色は異なってきます。

　第2章では、インテリア空間でよく使われる「インテリア慣用色」、インテリア慣用色の中でも特に出現頻度が高い「インテリア基本色」、インテリア空間での「トレンドカラーの捉え方」を紹介し、インテリアで使用される色の特徴について総合的に考えます。

インテリア慣用色

インテリア慣用色[1]とは、NCDの長年の調査から導き出された「インテリアで使われやすい色」のことです。図表2-1は、インテリア空間の中でよく使われている色をNCDのオリジナルチャートを用いて視感測色[2]し、その結果をNCDの1093色のHUE&TONEシステムで分析して出現パターンを表示したものです。調査対象としたインテリアアイテムは、フローリング、カーペット、壁紙、カーテンという床や壁の大きな面積を占める4品目です。分析結果を見ると、特定の範囲に色が集中していることが分かります。このデータは壁紙、カーテン、カーペットの市場色調査を行っていた2012年までのもので、現在の傾向は若干変わっている可能性もあります。しかし大きな傾向をつかむうえでは問題ありません。

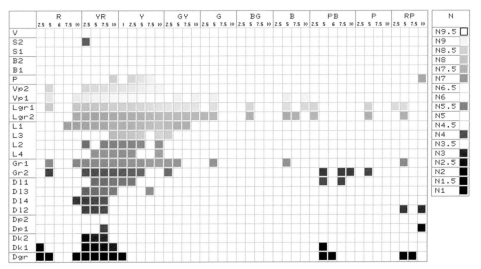

©2018(株)日本カラーデザイン研究所

図表2-1　インテリア慣用色

調査対象：フローリング、カーペット、壁紙、カーテンの4品目。フローリングのデータは、隔年で実施している大手ハウスメーカーの展示場とマンションデベロッパーのモデルルームの全室で出現したフローリングカラーの合計。調査1回あたりの物件数は20〜40程度。壁紙、カーテン、カーペットのデータは、大手メーカー4社の総合見本帳に掲載されている全アイテムを隔年で測色（無地は1色、柄物は地色1色＋メインの柄2色の3色としてカウント）し、そのデータを合計。使用データは2004〜12年の5回分の各品目のデータを合算し、一定量以上の出現率を図に示した。

---

[1] 意味は本文で示した通り。JISで決められている269色の「慣用色名（かんようしきめい。動物、鉱物、植物、人名、地名に由来する固有名詞の中で現代社会でよく使われ、知られている色名のこと。例としてサーモンピンク、藤色など）」とは異なる。

[2] 色を測ることを測色といい、目で見て色を測る視感測色と機械で測る物理測色の2つの方法がある。JISでは厳密に視感測色の方法が決められているが、NCDで実施している視感測色は、測色対象となるもの（試料色）をNCDオリジナルカラーチャート（1093色のHUE&TONEシステムによるMMCカラーチャートと、低彩度部分を細分化したLCカラーチャートを併用）に直接当てて一番近い色を特定し、カラーデータを収集するという方法をとっている。

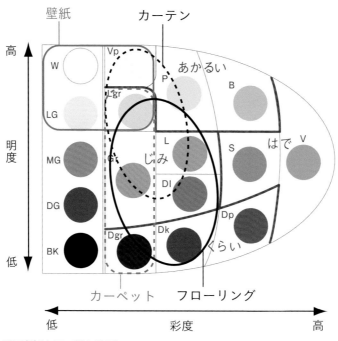

図表2-2　アイテム別ボリュームトーン

　前述の調査から明らかになったインテリア慣用色の1つ目の特徴は、色相YR〜Y（黄赤〜黄）の暖色系に集中していることです。この傾向は後述するフローリング木目色[3]の出現範囲の傾向と同じです。つまり、インテリア空間は木の色に合う色で全体が構成されていると言っても過言ではありません。ファッションの分野では紺や水色などブルー系のバリエーションがもっと多いのですが、インテリアでは最近でこそブルー系がやや増えているものの、もともと寒色系は少ないのです。インテリア空間にはまずやすらぎや癒しが求められるため、暖色系が多いとも考えられます。

　2つ目の特徴は、VやSの「はでなトーン」には

ほぼ出現せず、LgrからDlの「じみなトーン」に圧倒的にボリュームがあり、Vpが中心の「あかるいトーン」とDkからDgrの「くらいトーン」、高明度の無彩色に出現していることです。

　より分かりやすくするために、トーン図の上にアイテム別の出現範囲を重ねたものが図表2-2です。壁紙、カーテン、カーペットとフローリングの順番にあかるいトーンからくらい方向にボリュームが移っていることが分かります。これは一般的によくいわれる、天井は明るく、床は暗くというセオリー通りです。また、同じ床材でも、カーペットのような繊維製品は彩度が低く、フローリングの色は中彩度まで広がっていることも分かります。

---

[3] インテリア空間ではフローリングなど加工された木材が使われることが多く、その色を「木目色」として表現する。
　一般的には「木目」といえば表面の柄のことを指すが、本書では木目にも色があるという認識で木目色という表現をしている。

インテリア基本色

インテリア慣用色の中でも特に出現頻度が高い色をインテリア基本色といいます。

具体的には白、アイボリー、ベージュ、ライトブラウン、ダークブラウン、グレー、黒の7色です。白、アイボリー、黒は清色、ベージュ、ライトブラウン、ダークブラウン、グレーは濁色です。

色名を聞くと驚くほど平凡で地味な印象を受けると思われますが、インテリアの色はこの狭い範囲の中での微妙な色の違いがとても重要になってきます。そして、一見同じような色の中で、色相、明度、彩度のわずかな差がトレンドと大きく関係してくるのです。

7つの基本色の中から、例として白とアイボリーの違い、ベージュの中の色の違いについて見ていきましょう。

1.白とアイボリーの違い

白の中でも純白と呼ばれる真っ白は、明度9.5で彩度がまったくない色です。ガラスやス

テンレスなどの冷たく光沢のある素材とよくマッチし、これらの素材と合わせるとスタイリッシュでモダンな印象になります。シンプルモダンのインテリアにふさわしい色です。

一方、象牙色を意味するアイボリーは、同じ白系でも黄みを含んだ優しい色です。色相は2.5Yを中心に、明度は9程度、彩度は1.5〜1程度。黄がわずかに入っているためあたたかみがあり、木、籐、コルクなどの自然素材とマッチするためナチュラルな印象になります。誰からも好かれやすいナチュラルなインテリアづくりには欠かせない色といえるでしょう。

図表2-4、2-5は衛生陶器・住宅設備機器メーカー、TOTO（株）の商品カラー展開の一部です。同社の説明では「青みの強いホワイトは、ガラスやメタルなど無機的な素材にマッチします」「黄みの強いパステルアイボリーは、漆喰やタイル、木質素材など温かみのある素材にマッチします」というように、白とアイボリーの色の使い分けが明確に示されています。純白の衛生陶器は以前は学校や公園など

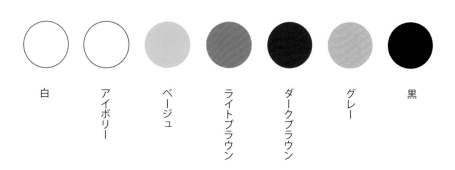

| 白 | アイボリー | ベージュ | ライトブラウン | ダークブラウン | グレー | 黒 |

図表2-3　インテリア基本色

公共施設のトイレでよく使われていた色で、一般家庭の中で使われることはまれでした。しかし、2000年代前半のシンプルモダンの流行とともに、家庭用のトイレでもベーシックなカラーとなりました。

　もう一つ白とアイボリーの使い分けに留意したいのが、シアー（レースやボイルなどの薄地）のカーテンの色合わせです。ドレープを選ぶのに一生懸命で、機能や予算だけの視点でシアーカーテンを選んでいませんか？　インテリアのコンセプトやドレープの色味に合わせて、微妙な白色の差にもこだわってシアーカーテンを選びましょう。

　このように、白とアイボリーは非常に近い色ながら表現する世界観がまったく異なります。インテリアのトレンドを見る際、この色味の使い分けの変化に注目するとより分かりや

すいでしょう。

　実際にこれまでの大まかな変遷を見ていきます。1990年代は明るい色のフローリングを使ったナチュラルなインテリアが主流で、そこでは黄みの強い、今ではクリーム色と認識されるような彩度の高いアイボリーがよく使われていました。

　2000年代に入るとインテリアのシンプルモダン化が始まり、2000年代中盤のピーク時には壁紙、キッチンの扉材、収納面材などに純白が多く使われました。それに合わせて、冷蔵庫やエアコンなどの家電の白色もいっせいに真っ白になりました。

　2000年代中盤以降、ナチュラルスタイルの揺り戻しが起こると、再び純白ではなく黄みが入った優しい白が多く使われるようになりました。ただし、90年代の彩度の高いアイボ

図表2-4　無機質な素材に合う純白色
（TOTO「＃NW1 ホワイト」）

図表2-5　あたたかみのある素材に合うアイボリー
（TOTO「＃SC1 パステルアイボリー」）

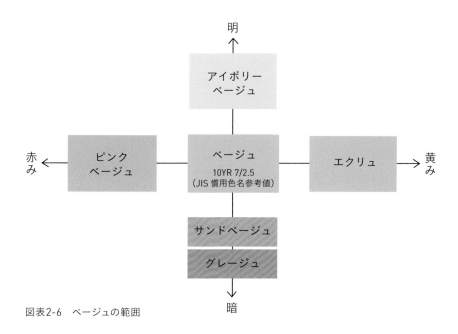

図表2-6　ベージュの範囲

リーではなく、彩度0.5〜1程度のわずかに黄みを感じるオフホワイト調へとその主流が変化したのです。

　2010年代中盤以降に低彩度のグレーがトレンドカラーから定番色に変わったこともあり、現在は彩度が抑えられた優しい白がベースカラーとして多く使われています。

2.ベージュの中の色の違い

　ベージュは未晒しの羊毛というフランス語に由来する色で、インテリアの中では最も普遍的に使われています。一般的にはナチュラル感とエレガント感を表現できる色です。ただ、色味やトーンの微妙な違いを吟味しなければならない難しい色でもあります。最近はグレイッシュカラーのフローリングが定着したことにより、ベージュに加えてグレージュ

という言葉もよく耳にするようになりました。

　そこで、コンセプトに合わせて使いこなせるよう、ベージュカラーをさらに細分化してみましょう。NCDの1093色のHUE&TONEシステム（P15図表1-7）の中でベージュのおおその範囲を確認すると、色相は7.5YR〜1Y、トーンはLgrからLトーンで、明度は7〜8程度、彩度は2〜3程度となります。

　ベージュの色味で分類すると、7.5YRより赤みのベージュはピンクベージュ、1Yより黄みのベージュはエクリュ、高明度のベージュはアイボリーベージュ、やや明度の低いシックな印象のベージュはサンドベージュといわれます。グレージュは10YRのGrトーン、明度6程度、彩度2以下ですから、サンドベージュよりやや暗く渋さがより強調される色で、グレーとベージュの中間色といったニュアンスになります（図表2-6）。

ピンクベージュは赤みがあるため「甘めのベージュ」ともいわれますが、シルクや光沢のあるサテンなどに用いてエレガントなイメージを表現するのにふさわしい色です。ドレッシーでフェミニンな印象でもあるので、特にエレガント志向の女性に好まれます。

一方、エクリュはやや黄みがあり、サンドベージュはグレーみが強く感じられるため、麻などの天然素材に用いてナチュラルなイメージを表現するのにふさわしい色です。

グレージュは、グレーとともにシックさを表現するのにふさわしい色です。濁色の代表的な色の一つで、アイテムの質感を引き立てて上質な印象を与えます（P18〜19参照）。

図表2-7、2-8は、エレガントなピンクベージュとナチュラルなベージュのカーテンの事例です。同じベージュでもそれぞれの色に合う素材感や織柄が用いられており、ドアや小物などのコーディネートからも、どのような空間でこのカーテンを使ってほしいのかコンセプトがきちんと伝わってきます。

最後に注意事項を一つ。メーカーのカタログや商品タグの色名で「ベージュ」と記載があっても、それが必ずしもカラー理論上の正しい表記になっているとは限りません。実際の色を自分の目できちんと確認したうえで、目指す空間のコンセプトに合わせて使いこなすようにしましょう。

図表2-7　ピンクベージュのカーテン
（アスワン「セ・ラ・ヴィ Edition6 E7155」）

図表2-8　ナチュラルなベージュのカーテン
（アスワン「セ・ラ・ヴィ Edition6 E7056」）

空間のイメージを決める
フローリングカラー

1.フローリングカラーの特徴

インテリア空間でカラーコーディネートを考える場合、最も重視しなければならないのはフローリングの木目色です。フローリングはビジネスマンのファッションでいえばスーツに当たり、壁はワイシャツ、ソファや小物はネクタイと置き換えると分かりやすいでしょう。コーディネートする際にまずスーツを決めてからシャツや小物を決めるように、インテリアではフローリングの色をベースにほかの内装材の色が決まり、最後に家具や小物の色が決まるのです。

図表2-9は、NCDが2004〜18年に調査した住宅展示場およびマンションモデルルームで使用されていたフローリングカラーの出現範囲を表したものです。

色相はR（赤）、YR（黄赤）、Y（黄）の狭い範囲に集中し、赤い木目ほど暗い色、黄色い木目ほど明るい色として出現します。最近はYR系に9割以上が集中する傾向が見られます。

一方、トーンを見ると、白に近い「あかるいトーン」から、こげ茶に近い「くらいトーン」まで、明るさのバリエーションがあります。

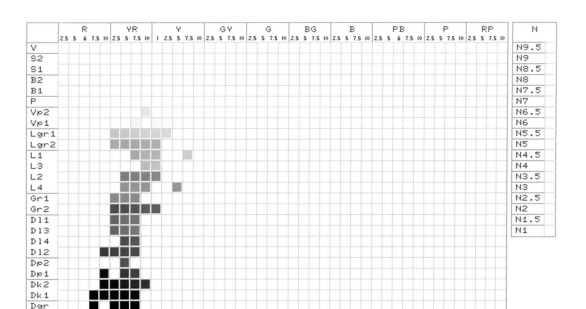

©2018(株)日本カラーデザイン研究所

図表2-9　フローリングカラーの出現範囲

住宅展示場およびマンションモデルルームにて使用されていたフローリングの出現色。調査は2年に一度実施しており、住宅展示場は2004〜16年の7回分、1回当たり24〜40棟前後、マンションモデルルームは2004〜18年の8回分、1回当たりモデルルーム数で20〜30戸前後。フローリングカラーとして出現した各部屋の色をすべて合算している。

図表2-10は、フローリングの木目色で最も出現の多い色相7.5YRのトーン図に木目色の大まかな分類を重ねたものです。明るい木目はLトーンとLgrトーンに、中明度の木目はDlトーンとGrトーンに、暗い木目はDkトーンとDgrトーンに、派手な木目はDpトーンとSトーンに、グレー系の木目はLgrトーンやGrトーンの低彩度領域に位置します。この中では明度4～7、彩度4～6のLトーンとDlトーンが、最もオーソドックスな木目色の範囲となります。

一般消費者に対して木目の嗜好調査を行うとさまざまな木目色の好みが見られますが、「エコを感じる木目は？」という設問に対しては明るい木目色が、「高級感のある木目は？」の設問に対しては木目らしさを残した暗い木目色が選ばれる傾向があります。このように、どんな色の木目を選ぶかで表現できる空間イメージがほぼ決まるため、インテリアのコンセプトに合わせて木目色を慎重に選ぶ必要があります。

2.フローリングカラーの変遷とトレンドカラーの関係

トレンドに無縁なようで、実はトレンド性が最も分かりやすく出るのもフローリングの木目色です。

2000年代前半から中盤のシンプルモダンが主流な時代には、黒い木目色のフローリングと白い壁のコントラストでモダンさを表現する空間が多く見られましたが、2000年代中盤

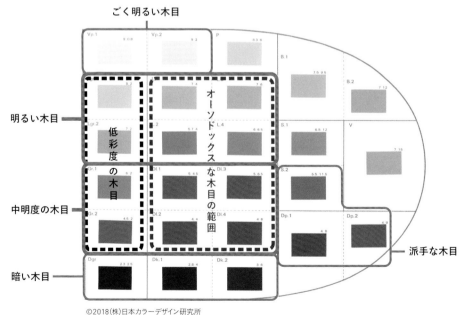

図表2-10　木目の明るさと出現トーン

以降インテリアがナチュラル化すると、オーソドックスな明るい木目色のフローリングが増え、エコや環境共生をうたう空間が主流となりました。樹種でいえばオークやメイプルなどの明るい木目です。一方、ウォールナットのような上品で暗い色の木目を使ったオーセンティックな空間も二世帯住宅の親世帯やマンションの高級感訴求のために提案されることが多く、2011年の東日本大震災までは明るい木目のナチュラルな空間と暗い木目のオーセンティックな空間が二大トレンドでした。

しかし2010年以降は本物の木をスライスした突板[4]ではなく、高性能な印刷によるフローリング（シート材）が普及し、本物の木目では表現できなかった低彩度色が多く見られるようになりました。特にトレンドがいち早く反映されるマンションではシート材が多く採用され、2014年の調査ではグレー系のフローリング一辺倒といった様相でした。2018年の調査ではその人気も落ち着き、定番色の一つとなっています。一方、資材として内装色が決められるハウスメーカーではトレンドがやや遅れて取り入れられるため、2016年ごろからフェミニンなスタイルのインテリアを中心に明るいグレー系の木目が見られるようになりました。

このように、フローリングの木目色は時代ごとのインテリアのコンセプトに合わせて大きく変化しています。現在はやや彩度を抑えつつ人工的になりすぎない木目色にシフトしながらも、グレー系のシックな木目、ナチュラルな明るい木目、木質感を表した中明度の木目、高級邸宅などでは高級感訴求の暗い木目と、さまざまな木目色が並列的に使われている状況といえます。

空間のアクセントカラーも木目色のトレンドと呼応するように変化しています。例えば2000年代中盤ごろによく見られた明るい木目色を使ったエコでヘルシーな空間には、植物の緑やそれをイメージさせる清色のグリーン系が提案されました（図表2-11）。その後、2014年のマンションでは、グレーやグレイッシュカラーの木目色に合わせてブルーグレーやグレイッシュパステルなどの濁色が多く使われていました（図表2-12）。清色同士、濁色同士といった具合にフローリングの木目色と配色して美しく見える色が使われるわけです。家具やファブリックのトレンドカラーを見極めるには、木目色の変化を常に意識することが今後の方向性を探るヒントとなります。

現在は以前のようなインパクトの強いカジュアルな色がアクセントカラーとして使われることが減り、やや彩度を抑えたフローリングに合うデリケートな色が増えています。詳細は第7章のインテリアトレンドの変遷を参考にしてください。

---

4 木目の美しい木材を0.2〜0.9mmの厚さに薄くスライスした板材。合板などの表面仕上げ用に用いられる。

図表2-11　2009年当時の明るい木目を使ったナチュラルな空間
（東京建物「Brillia多摩ニュータウン」）

明るい木目のフローリングに清色的な寒色系カラーのアクセントが似合う
北欧モダンスタイルの空間。ナチュラルな木目色には清色が似合う。

図表2-12　2014年当時のグレー系フローリングを使ったシックな空間
（コスモスイニシア「イニシア調布国領」）

濁色のグレイッシュな濃淡だけを用い、トーン感覚を生かした空間となって
いる。グレイッシュでシックな木目色には濁色が似合う。

ファッション基本色との違い

最後に、インテリアとファッションの基本色の違いを見ておきましょう。P29で紹介したインテリアの基本色7つのうち、白、アイボリー、ベージュ、グレー、黒の5色はファッションの分野でも基本色とみなされています。しかし、ライトブラウン、ダークブラウンといった茶系のバリエーションはインテリアでは必須の色ですが、ファッションでは茶系の代わりに赤と紺が基本色となります(図表2-13)。これらの色をインテリアで使う際のポイントをまとめておきます。

赤はインテリアでは、大面積ではなくアクセントカラーとしての使用に限定されがちです。例えばコンクリート打ち放しの空間に一脚だけ置かれた椅子や、子ども部屋のウッドブラインドのテープと家具の取っ手の色とい

うように、ベースをシンプルな無彩色やベーシックカラーでまとめ、そこに赤を加える形にするとセンスよく見えます。ファッションに置き換えると黒いスーツに赤いポケットチーフを合わせるようなイメージです。

紺は藍色の流れをくみ、日本人の肌色とも調和しやすく、真面目さや知的な印象とも相まって日常生活の中で長く愛されてきた色です。ただしインテリアでは紺はそれほど多くは使われません。藍染めの暖簾、座布団、ラグ、藍の染付の器など、和風スタイルを表現するために小物の一部などに取り入れるのが上手な使い方です。

このように赤や紺は、インテリア空間ではベースというよりアクセントカラーとして考えるとよいでしょう。

	インテリア基本色		ファッション基本色	
無彩色	（白）	白	（白）	
	（グレー）	グレー	（グレー）	
	（黒）	黒	（黒）	
有彩色	（アイボリー）	アイボリー	（アイボリー）	
	（ベージュ）	ベージュ	（ベージュ）	
	（ライトブラウン）	ライトブラウン	赤	（赤）
	（ダークブラウン）	ダークブラウン	紺	（紺）

図表2-13　インテリアとファッションの基本色

Chapter

3

第3章

インテリア空間における
配色テクニック

―配色理論を学び実践的に使いこなす―

本章の目的：

配色のテクニックを
インテリア空間に応用する

　配色とは2色以上の色を組み合わせることです。イン
テリア空間の配色を考える際は、ファッションとは異な
り飽きても簡単に変更できないこと、人やものが入っ
て初めて空間が完成すること、常に空間全体を意識し
ながら色を考えることが基本となります。プロを除いて
初めから空間全体のコーディネートを意識できる人は
ごくまれですし、床と壁、あるいは床とドアの2つの組
み合わせの良し悪しは分かっても、カーテン、家具、小
物までを含めたトータルなコーディネートはとても難し
いものです。一つ一つのものにこだわりがあればある
ほど、それぞれの主張が強く出すぎて、全体の美しさ
が損なわれるリスクもあります。そのためインテリア空
間においては、「色をマイナスして考える」ことがとても
重要なポイントとなります。

　配色の良し悪しを判断するには、感覚だけではなく
理論を含めたノウハウが必要です。そこで、第3章では
NCDの配色テクニックを紹介し、インテリア空間にお
いてそれらのテクニックをどのように応用すべきかを見
ていきます。

6つの配色テクニック

はじめに、基本となる6つの配色テクニック（図表3-1 ①〜⑥）を紹介します。6つのテクニックは「1.できあがりの配色の印象で分ける」、「2.HUE&TONEシステム上の色の選び方で分ける」、「3.色の並べ方で分ける」の3つの方法に大別されます。

配色テクニック		方法と効果	配色例（英字はHUE&TONE記号）	
1. 印象で 分ける	① まとまり	同一色相か類似色相でまとめる 近いトーンでまとめコントラストをあまり付けない 穏やか、上品、静的なイメージ	RP/Lgr RP/L	Y/Lgr GY/L
	② きわだち	反対色相を使う 離れたトーンを組み合わせてコントラストを付ける スポーティー、強い、動的なイメージ	Y/V PB/V	BG/Lgr YR/Dk
2. システムで 分ける	③ トーン配色	色相を絞り濃淡の効果を出して配色する 基調（ベース）づくりに向く すっきり、理知的なイメージ	Y/Vp YR/Lgr YR/L	PB/Lgr B/Vp PB/L
	④ 色相配色	多色相でカラフルに配色する アクセント使いに向く 豊か、華やか、楽しいイメージ	R/S Y/S G/S	R/B Y/P B/P
3. 並べ方で 分ける	⑤ グラデーション （漸変）	一定の秩序に沿って並べる 明度順、色相順など、色を順番に変化させる デリケート、繊細なイメージ	B/Vp PB/B PB/Dp	G/Dp GY/L GY/Vp
	⑥ セパレーション （分離）	異質なものを挟んで並べる 白で抜く、黒で引き締める、反対色を差し込む 注視性が高く、メリハリがあるイメージ	R/V N9.5 PB/V	Y/Lgr YR/Dgr N6

図表3-1　6つの基本配色テクニック

1.印象で分ける方法

印象で分ける方法は2色配色から使えるテクニックで、できあがりの配色の印象によって2種類に分けられます。全体のベースになりやすい「①まとまり」のテクニックと、アクセントとなりやすい「②きわだち」のテクニックがあります。

❶ まとまり

穏やか、上品、静的などの印象をつくりたいときに「まとまり」のテクニックを使います。

色相の関係では同一色相か類似色相(隣の色相)の組み合わせで(図表3-2)、一般的に同系

色の配色というと分かりやすいでしょう。

トーンの関係では、トーン図で近い位置にあるトーンを組み合わせてつくるコントラストの弱い配色です(図表3-3)。無彩色ならデリケートな明度差を付けた明るいグレー同士の組み合わせが代表的です。ただし近いトーンといっても明度差が小さすぎると配色がつぶれて見えてしまうので、色の違いがデリケートに見えるくらいの適切なトーン差が必要です。例えば、ダークグレーと黒、DgrトーンとDkトーンのように暗い色同士をわずかな明度差で配色したものは適していません。また、VトーンやSトーンなどの高彩度色を使うことは、色自体に主張がありすぎ、まとまった印

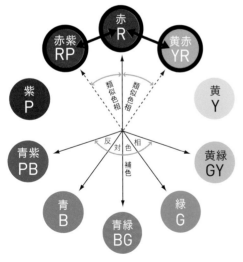

©2018(株)日本カラーデザイン研究所

図表3-2 まとまりにおける色相環の関係
（R（赤）を基準にした場合）

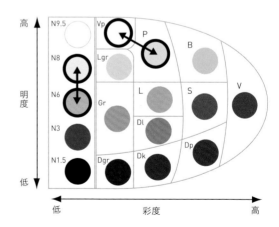

©2018(株)日本カラーデザイン研究所

図表3-3 まとまりにおけるトーンの関係

象にならないため避けてください。色の性質が似ている清色同士、濁色同士を組み合わせるとまとまりやすくなります。

「トーンを穏やかにまとめて配色すること」を意識するのがポイントです。

❷ きわだち

スポーティー、強い、動的などの印象をつくりたいときに使いたいのが「きわだち」のテクニックです。

色相の関係では、反対色相（基準となる色相の補色[1]と左右2色ずつの計5色）による組み合わせが基本となります。一般的には暖色系と寒色系の反対色の組み合わせがイメージしやすい

でしょう（図表3-4）。トーンの関係では、トーン図の中で遠い位置にあるトーンを組み合わせたコントラストの強い配色です。無彩色では白と黒の組み合わせが代表的です（図表3-5）。

ただし、Grトーンのような低彩度色同士だと、いくら反対色相を使ってもきわだちの効果は出せません。1章で取り上げた「じみなトーン」を使う場合は「くらいトーン」と組み合わせるなど、明度差を大きく付けて配色することが必要です。まとまりのテクニックとは反対に、Vトーンなどの「はでなトーン」を使って明度差も付けると、分かりやすいきわだちの配色となります。

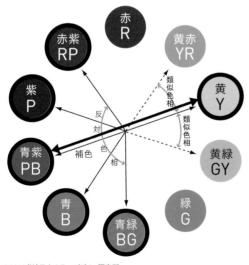

©2018（株）日本カラーデザイン研究所

図表3-4　きわだちにおける色相環の関係
　　　　　（Y（黄）を基準にした場合）

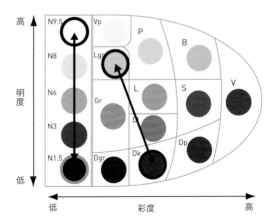

©2018（株）日本カラーデザイン研究所

図表3-5　きわだちにおけるトーンの関係

---

1 色相環で真反対にある色相のこと。R（赤）の補色はBG（青緑）となる。

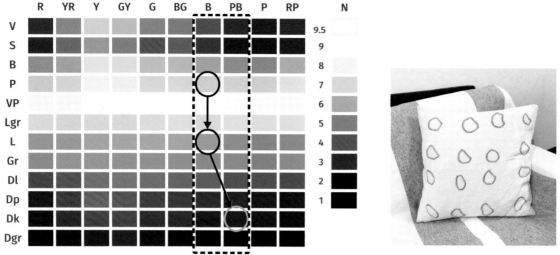

©2018(株)日本カラーデザイン研究所

（左）図表3-6　トーン配色の色の取り方の例

トーン配色はHUE＆TONEで縦方向に色を取る。3色配色の場合はすべて同一色相で配色すると単調な印象になるため、1色は類似色相にすると配色に奥行きが出る。図の例では同一色相のBから2色、類似色相PBから1色を選択。

（右）図表3-7　トーン配色によるソファとクッションの組み合わせの例

ストライプ柄のソファの上に変形サークル柄のクッションを置く。柄と柄の組み合わせは難しいといわれるが、使う色をベージュ系に絞り全体をトーン配色にすると違和感なくまとまる。

2.カラーシステムで分ける方法

　カラーシステムで分ける方法は、HUE＆TONEシステムの縦方向に色を選ぶか、または横方向に色を選ぶかで2つに分けられます。3色以上から使えるテクニックで、「③トーン配色」と「④色相配色」があります。

❸トーン配色

　トーン配色とは、同一か類似の色相の中で濃淡の差を付けて配色する方法です。同系色を基本とした2色の「まとまり」の配色に、さらに同系色を加えて3色配色にしていくイメージです。HUE＆TONEシステムでは縦方向に色を取っていくことになります（図表3-6）。

　ただし、まとまりの配色ではトーンの差をあまり付けなかったのに対し、トーン配色では程よい明度差が付けられていることが重要です。その際の明度差の大小は問いませんが、近いトーンでまとめるより、多少明度差が付いている方がすっきり見えます。

　ピンク系、グリーン系、ブルー系といった色相を基準とした考え方のほか、墨絵のような無彩色の濃淡もトーン配色の代表です。3色配色の場合はすべて同一色相で配色すると単調な印象になるので、1色は類似色相にすると配色に奥行きやニュアンスが出ます。

　現在、市場に出回っている商品の色にも多く用いられている手法で、一般的に嫌われにくい配色ということができます。後に述べるインテリア空間の配色テクニックとしては基本中の基本です。

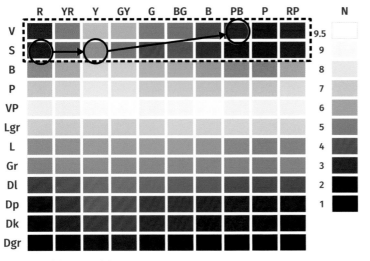

©2018(株)日本カラーデザイン研究所

（左）図表3-8　色相配色の色の取り方の例

色相配色はHUE&TONEで横方向に色を取る。彩度の高い色を多色で配色すると、色相配色の効果が大きく出る。図のようにVやSトーンの高彩度色を使うとカジュアルな印象になる。

（右）図表3-9　色相配色のクッションをアクセントに加えた例

キリムのクッションにはベースの赤以外に、オレンジ、グリーン、ピンクなど多くの色相が使われている。こうした色相配色のクッションはアクセント効果が抜群で、ベーシックなベージュ系のソファに置くだけでインテリア空間が華やかな印象になる。

❹ 色相配色

　色相配色とは、反対色相を含め多色相でカラフルに配色する方法です。反対色相を基本とした2色の「きわだち」の配色に、さらに別の色相を加えて多色感のある3色配色をつくっていくイメージです。HUE&TONEシステムでは横方向に色を取っていくことになります（図表3-8）。

　きわだちの配色でも彩度の低い色は効果が小さかったように、彩度の高い色を多色で配色したほうが、色相配色の効果が大きく出ます。VやBトーンの高彩度の清色を使うとスポーティーでカジュアルな印象に、SやDpトーンなどの高彩度の濁色を使うとリッチでゴージャスな印象になります。低彩度から中彩度色でもLやLgrトーンを使うと和の雅なイメー

ジが表現できます。3色配色から使えるテクニックですが、どちらかというと多色配色のほうが、この配色のよさを生かすことができます。ただし、5色配色以上ですべて異なる色相にするのは無理があるため、その場合は白や黒を入れるとすっきり見えます。3色配色の場合、色相を変えても類似色相が入ってしまうと多色感が出なくなるので、赤、黄、青といった具合にまったく異なる系統の色を3色使うことが大切です。特に、色相Yを入れると華やかさを出すことができます。

　インテリア空間では、内装材などのベースカラーよりファブリックなどのアクセント的な使い方をおすすめします。

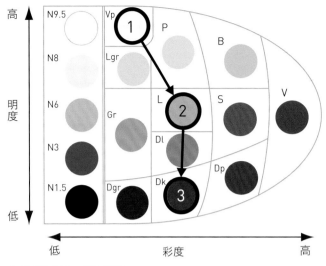

©2018(株)日本カラーデザイン研究所

（左）図表3-10　グラデーションをつくる際のトーン図上での色の取り方

3色配色の場合は明るい色から暗い色へ（またはその逆に）色を取る。隣り合う色の明度差のステップを揃えると美しく見える。

（右）図表3-11　グラデーションの事例

遠くに霞む山並みなどぼかしのテクニックはグラデーションの代表的な事例。アートと同じようなグラデーションカラーの壺を合わせた、繊細で統一感のあるコーディネート。

3.並べ方で分ける方法

　色の並べ方で分ける方法には、「⑤グラデーション」と「⑥セパレーション」という配色効果の異なる2つの方法があります。3色配色から使えるテクニックです。

❺ グラデーション

　グラデーションは日本語で漸変といい、グラデーション配色は色が少しずつ変化していくように、ある秩序に沿って色を並べていく手法をいいます。大きく分けて明度順に並べていく方法（図表3-10）と、色相環のように色相順に並べていく方法があります。あるルールにのっとって色が順番に並ぶと、見た目に心地よく美しく感じられる効果があります。

バラバラになった色鉛筆を、色相順に並べて元の箱に収めた状態を想像すると分かりやすいでしょう。

　明度順に並べるグラデーションでは、3色配色の場合は明るい色から暗い色へ、または暗い色から明るい色へという並び方になりますが、5色以上の配色の場合、並べ方のバリエーションはこの2タイプだけでなく複数あるため、明度を少しずつ変化させていくことでさまざまなタイプのグラデーションがつくれます。ただし、隣同士の色の明度差のステップが揃っていないと美しくないので、色の使い方に慣れていないと難しいテクニックかもしれません。色相順のグラデーションをつくる場合も、同時に明度差も少しずつ変化させることを意識するとよいでしょう。

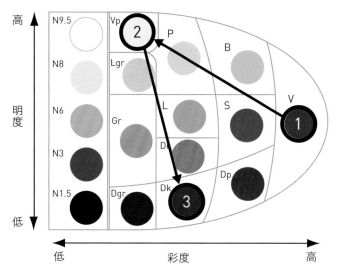

©2018(株)日本カラーデザイン研究所

(左) 図表3-12　セパレーションをつくる際のトーン図上での色の取り方

図では中明度のVトーンと低明度のDkトーンという比較的あいまいさの残る色同士の間に、まった
く明度が異なるVpトーンの色を挟みメリハリを付けている。

(右) 図表3-13　セパレーションの事例

オフホワイトのベースに茶色の濃淡のボーダーが柄として入っているラグ。ベーシックな色を使いな
がらも、セパレーションによりリズミカルな印象となっている。

並べ方自体にデリケートさが要求されるた
め、できあがった配色も自然と繊細な表現に
なります。

❻ セパレーション

日本語で分離といい、色と色の間に異質な
色を挟んで並べる方法(図表3-12) です。最も
分かりやすい事例がフランス国旗のトリコロ
ール配色です。赤と青の色の間に明度が大き
く異なる白を入れて分離させることで、すっ
きりと見せることに成功しています。また、
あいまいな明度の色同士の間に黒を入れて分
離させる方法もあります。ファッションを例
に挙げると、直接ぶつけると野暮ったい印象
のトップスとボトムスの間に黒いベルトを締
めて、明快さを出す方法と同じです。白や黒

だけでなく、2色の間に明るさの違う色を差し
込むことでも同じ効果が得られます。ボーダ
ーやストライプはセパレーションの一種と捉
えてよいでしょう。

一般的にセパレーションは、グラデーショ
ンとは反対にメリハリを付けるためのテク
ニックでスポーティーな印象になりますが、コ
ントラストを控えめにしたセパレーションは
もう少し穏やかな印象になります。

インテリア空間の中では、微妙に色が異な
る床と壁の間に巾木を入れてメリハリを付け
るなど、特にあいまいさの残る部位に使える
テクニックです。

Chapter 3 − 2 | インテリア空間における配色テクニック

1. 内装はインテリア基本色によるトーン配色

　ここからは具体的なインテリア空間での配色について考えていきます。

　インテリア空間では、内装は「色をマイナスして考えること」が基本となります。空間のベースをつくる床、壁、天井、建具、ドアといった部位は一度設置するとなかなか取り換えができません。そのため、7色のインテリア基本色を中心に飽きのこない色を使うことをおすすめします。配色は、基本の6つの配色テクニックの中でも同系色の濃淡を生かす「トーン配色」が適しています。部位ごとに色相を変えると、3次元の立体空間では色数が多すぎて落ち着かない印象になるためです。

　空間のベースをインテリア基本色でトーン配色にすると、地味、平凡、控えめという印象になりますが、それでよいのです。なぜなら、インテリアは内装以外の家具や小物、そして最後に人が入って初めて完成するものであり、それらを主役として引き立たせるにはベースはおとなしめにまとめておく必要があるためです。また、内装以外の後から入れる要素の自由度が高いことも理由の一つです。ビジネスマンのファッションで、スーツを紺やグレーなどのベーシックな色にすると、シャツやネクタイの色を自由に選べてコーディネートの幅が広がるのと同じです。

　反対に、床に特殊な色を使うと壁の色選びや家具などのコーディネートが難しくなります。どうしても使いたい場合は個室やトイレなどの比較的小さな空間に使うとよいでしょう。壁に使う場合は、4面ある中の1面にだけ使う（アクセントウォール）と失敗ししにくいはずです。

　トーン配色は一見簡単なようですが、色味を合わせて適度な明度差を付け、すっきり見えるように配色するのは意外と難しいものです。アイボリーからベージュ、ブラウン系にかけての茶系のバリエーションと、白やライトグレーといった明るめの無彩色の中で、微妙な色味の違いを見極めて色を選んでいく必要があります。例えば、赤みがかったベージュの壁紙と黄みがかったブラウンのフローリングを同じ空間では使用しない、グレー基調のシックな空間をつくる際に黄みのグレーと青みのグレーを混在させない、などです。

　また、色に主張がない分、フローリングの木目や壁紙の表情といった質感に目がいくため、実際の内装材を選ぶ場合は仕上げやテクスチャーなど細かいところまで目を配りたいものです。色味や質感に関連性を持たせながら、家具や小物を盛り付けるためのシンプルな"器"をつくることがインテリア空間の成功の秘訣です。

図表3-14　ベージュ系のトーン配色の空間（大和ハウス工業「xevo GranWood」）

ベージュから低彩度のブラウン系を中心にデリケートなトーン差で構成されたナチュラルな空間。老若男女
に好まれ時代を超えて愛される世界観が表現されている。

図表3-15　無彩色のトーン配色の空間（積水ハウス）

無彩色のトーン配色はモダンスタイルでの展開が多いが、これは洋風の様式性を生かした華やかさのある空間と
なっている。白黒による装飾的な空間は、5章で紹介する英国風やフレンチシックの応用として参考にしたい。

2.トーン配色の「まとまり」と「きわだち」を意識

インテリア基本色を中心とした「トーン配色」がインテリアのベースづくりの基本と理解したところで、空間にメリハリや落ち着きをもたらすためには、適度なトーン差が必要です。

部位ごとの色を考える際、まず床が暗く、壁、天井と上に向かうにしたがって明るく仕上げるのが基本的なセオリーです。次に考えたいのが、床色とドアや建具色との関係です。これらはマンションやハウスメーカーのカラースキーム[2]では最初に決められるくらい重要な配色です。

インテリア空間でトーン差を考えていく場合は、この床色と建具色をほぼ同じような明るさにする「まとまり」の配色か、床色と建具色のコントラストを付ける「きわだち」の配色の大きく2方向に分類して考えると分かりやすいでしょう。

主に高明度〜中明度の木目や白といった明るい色を中心に、床と建具のコントラストを付けずに配色すると空間がまとまります(図表3-16)。穏やかで安心感のあるオーソドックスな配色なので、誰からも嫌われにくく、飽きがこない空間づくりのための定番のテクニックです。

一方、低明度の木目や黒などのダークカラーと、白や明るい色を明度差を付けて組み合わせると、メリハリの効いたモダンなイメージになります。暗い床と明るい建具の組み合わせだけでなく、明るい床に暗い建具という上下反転の配色も当てはまります(図表3-17)。床と建具の色のコントラストそのものが空間のアクセントとなり、スタイリッシュな印象を演出できます。ただし、後者の場合は不安定な配色のため飽きがきやすいというデメリットも考慮したいところです。

つまり、「まとまり」は平凡ながら穏やかで飽きがこないテクニック、「きわだち」は好き嫌いが分かれやすかったり、飽きがきやすい一方、スタイリッシュでモダンなイメージを表現できるテクニックといえます。

---

2 内装全体のカラーコーディネートが分かるようにつくられた内装の色彩計画。

図表3-16　「まとまり」のカラースキームでつくられたマンションモデルルーム（東京建物「Brillia City 三鷹」）

図表3-17　「きわだち」のカラースキームでつくられたマンションモデルルーム（東京建物「Brillia City 三鷹」）

図表3-16と3-17は同じマンションの住戸に2種類のカラースキームを使ったモデルルーム。図表3-16は明るいトーンでコーディネートした「まとまり」の配色で、誰からも好まれやすく飽きがきにくい。図表3-17は中明度の床に中明度の壁と天井、暗い色の建具でコントラストを付けた「きわだち」の配色で、高級感やモダンさを表現している。

3. セパレーションで
すっきりと見せる

壁色と床色を組み合わせた際にそれぞれの色相がややずれていたり、同じトーンですっきり見えないといった場合に効果的なのが、巾木の色でセパレーションをする方法です。巾木は壁と床の接合部分にカバーとして使われる部材ですが、配色効果としても使えるものです。天井と壁の間に使われる廻り縁[3]も同様に考えることができます。現在は木目色の廻り縁を使う事例はほとんど見られませんが、洋風クラシックスタイルの空間などで柄物の壁に白い廻り縁を使うと、様式性を感じさせながら空間をすっきり見せられるというダブルの効果が狙えます。和モダンの空間では直線的な障子の桟や縦格子のラインがセパレーション効果を発揮します（図表3-18）。

窓のサッシはこれまで外観色に合わせて選ばれることが多かったのですが、最近は室内側と室外側で異なる色を選べる商品も出てきています。インテリア空間ではサッシの色が主張しない方がコーディネートしやすいのですが、インダストリアル感覚を出すためにあえてブラックサッシを使う事例も目にします。照明器具のダクトレールや家具の脚などと同様に線として黒色を空間に取り込むことで、空間をすっきりと見せるセパレーション的な

効果を出すことが可能です。

このように、巾木、廻り縁、建具、サッシなどの「線」として出てくる色を、空間のセパレーションとして活用することを意識するとよいでしょう。

図表3-18　空間のセパレーション例
（ミサワホーム「GENIUS いろどりの間」）

直線的な障子の桟のダークカラーが、壁や障子紙の白とコントラストを生んでいる。大きな吹き抜け空間の中間にボーダーで配された木の装飾もセパレーション効果を生み出しており、全体的にスタイリッシュでモダンな和空間となっている。

3 壁と天井の接触部に取り付ける長細い材。納まりを美しく見せるために設ける。

4.清色と濁色を使い分ける

　清色と濁色は表現できるイメージが大きく異なります。インテリア空間では、白やアイボリーを除くと圧倒的に濁色が使われる頻度が高いのですが、空間のコンセプトに合わせて清色と濁色を使い分けることが重要です。

　清色は透明感のあるきれいな色なので、清潔感が求められる水回りで活躍します。また、子ども部屋などのカジュアル感が必要な場面や光がたくさん差し込む明るい空間にも向いています。清色を使う場合は、フローリングも白木調の明るい色や白の入ったものが似合います（図表3-19）。濁色は穏やかな質感を表現する色で、家族団らんの場や寝室などの癒しの場に向いています。建築化照明⁴や間接照明を使って陰影のある空間を目指すと、ホテルのような高級感のある落ち着いた雰囲気を演出できます（図表3-20）。フローリングはややグレーがかったものや木の上質感を感じさせる暗色のものでまとめるとよいでしょう。

　北欧スタイルが特に流行った2000年代後半ごろは寒色系を中心とする清色のアクセントカラーが使われることが多かったのですが、最近は低彩度色のフローリングの定番化で濁色のアクセントカラーが増えつつあります。直近の2018年に行われたマンションカラー調査でもその傾向がはっきりと見られました。

図表3-19　清色を使った若々しいリビングダイニング
（積水化学工業「セキスイハイム」）

明るい白木調のフローリング、白い照明と椅子、赤い椅子などすべて清色でまとめられた空間は、若々しい印象となる。子ども部屋や水回り以外でも清色を使いこなしたい。

図表3-20　濁色が美しく見える間接照明を使ったホテルのロビー（ホテルオークラ東京 本館 ※2015年8月閉館）

間接照明を生かした空間は、色より素材やシルエットが注目される。濁色の中でも特に低彩度色を使う場合、陰影礼賛という言葉があるように、間接照明を用いることでものがより美しく見える。高級感のある落ち着いた空間を演出するのに必須のテクニック。

4　光源を天井や壁の中に埋め込み、建築物の一部を照明器具として利用する照明方法。コーブ照明（折り上げ天井の中に照明器具を隠して設置し、天井面を照らす間接照明）やコーニス照明（壁の上部に設けたコーニスと呼ばれる水平帯の装飾に照明器具を隠して設置し、壁や窓に取り付けたカーテンなどに光を当てる間接照明）が代表的。

5.ベース、アソート、アクセントカラーの面積比

　インテリア空間の配色を考えるにあたっては、各色の分量（面積比）も重要になってきます。ここでは色をベースカラー、アソートカラー（別名サブカラー）、アクセントカラーの3種類に分ける基本的な考え方と、各色の使い方や推奨する面積比を見ていきます。

❶ ベースカラー

　ベースカラーは文字通り空間のベースとなる色で、床、壁、天井、ドア、建具が該当します。建売住宅や新築マンションを購入した際、大体の場合はすでに色が決められているものです。

　これまで述べてきた通り、ベースカラーには主張のある特殊な色ではなく、インテリア基本色の中から長く飽きのこない色を選ぶことをおすすめします。目指す空間のイメージを頭に置きながら、明るい木目、中明度の木目、暗い木目、白い木目、グレイッシュな木目といった具合にまずフローリング色を厳選し、それに合わせて壁、建具、ドアの色を選んでいくと失敗しません。

❷ アソートカラー（サブカラー）

　アソートカラーは別名サブカラー、または配合色ともいい、ベースカラーに対してその特性を高めたり、逆に変化を付ける色です。イ

ンテリアの中でイメージを形づくる重要なもので、具体的にはシステムキッチンなどの面材やカーテンなどの窓回り、家具など、空間の中である程度の面積を占めるものの色が該当します。

　この色は、インテリア基本色以外にインテリア慣用色の範囲に広げて選ぶことが可能です。慣用色以外、特に高彩度色を使うと色相やトーンの幅は広がるものの、自信がある人以外は避けたほうが賢明です。

　以前はカーテンがアソートカラーの主役でしたが、最近は窓回りの色は壁色に馴染ませることが多く、主役は家具といってよいでしょう。家具には色、形、素材のバリエーションがあり、さまざまなスタイルがあるため、空間の中で自己表現をするための最も重要なアイテムとなっています。

　LDK一体型の大空間が増える昨今、システムキッチンの色も重要です。空間の中で建具やドアを同じように馴染ませるか、好きな色を使って自己表現をしていくか、この2つの方向性を意識して選びたいものです。

❸ アクセントカラー

　空間の仕上げとして加えていく、文字通り空間のアクセントとなる色がアクセントカラーです。具体的なアイテムは小物、アートフレーム、花、植物の緑、クッション、ラグなどが該当します。この色は、インテリア基本色や慣用色に加えて、空間のスパイスとなるような

高彩度色を用いることも可能ですし、色相も
ある程度自由に選べます。

　マンションのモデルルームや住宅展示場で
はライフスタイルイメージや生活感を演出し
ている部分であり、実際のインテリアコーディ
ネートでは、プロにすべて任せるというよ
り住まい手自身の手によって加えられていく
部分と考えてよいでしょう。

　現在はフローリングが床材の主流となった
ことで、ソファと一緒にアクセントラグが使わ
れるようになりました。床に座ったときに温
かいという機能だけでなく、季節によって取
り換えも容易で、空間の意匠的なアクセント
としても効果的なアイテムです。ぜひ、家具
とコーディネートして取り入れてください。

　これら3種の空間の色の分類は、洋服に例
えるとベースカラーはスーツ、アソートカラー
はシャツとネクタイ、アクセントカラーはアク
セサリー、バッグ、靴、時計、メガネなどに該
当します。スーツはベーシックな色で、シャ
ツとネクタイで自分の個性を演出し、最後の
アクセサリーで装いの完成度をアップさせる
という考え方です。

　また、色の面積比はベースカラー：アソー
トカラー：アクセントカラー＝**7：2.5：0.5**が
目安です。全体の7～8割程度をベーシックに
まとめ、残りの2～3割で個性を表現するとよ
いでしょう。

6.カラーリンケージで
　色系統を絞る

　アクセントカラーにはどんな色を使っても
よいとはいえ、空間の配色を考えるうえで留
意したい重要なテクニックがあります。それ
がカラーリンケージです。

　カラーリンケージとは「色のしりとり」を意
味し、使う色の色系統[5]を絞り、各色を関連付
けながら使っていくものです。使用する色系
統は例えばリビングルームなら2系統、子ども
部屋なら多くて3系統以内がおすすめです。2
色ないし3色しか使ってはいけないのではな

図表3-21　カラーリンケージのイメージ

柄の中のマゼンタピンクを袖の裏側や前たての部分に細く入れ
ることで、色と色がつながるというテクニック。色のしりとりは
カラーリンケージの基本的な考え方。

5　ベージュ系、グリーン系、ブルー系、ピンク系など、色名レベルで同じような印象となる色のグループ。同一色相だけでなく類似色
　相まで含むことが多い。

図表3-22　アクセントカラーにカラーリンケージのテクニックが使われている事例
（積水化学工業「セキスイハイム」）

クッションとラグには紺を含めた青色の濃淡が、椅子の張地にはインテリアグリーンと同じ緑色が使われている。紺だけだとやや単調になりがちだが、緑を加え2系統の色を取り入れることで変化が生まれている。カラーリンケージはすっきりとセンスよく見せるための必須のテクニック。

く、色味を絞るだけで濃淡は自由に使えるので、ブルー系なら水色、ウルトラマリン、紺というようにトーンは自由に選ぶことができます。図表3-22のように、一つの色系統のトーン配色を空間の中で2系統まで同時に使うイメージです。テーマカラーを決めたら、その色の系統を繰り返し用いることで、濃淡の変化を楽しみながらすっきりとセンスよく空間をまとめることができます。

柄物のカーテンや壁紙を使う場合、その柄色をソファの張地やクッションに使うのもカラーリンケージの定石です。ファッションで柄物のブラウスの中の1色をボトムやアクセサリーの色として使うのと同じテクニックです。

インテリア空間では色をマイナスして考え

るのが基本です。その点でもカラーリンケージは、多くのインテリアアイテムで色を同時に使う場合に忘れてはならない重要なテクニックとなります。ぜひマスターしてください。

7.同系色配色の手本は 自然界の色

インテリア空間では「トーン配色」でベースをつくるというのが基本ルールでしたが、その際に自然界で見られる色に合わせて配色すると、馴染みやすく美しく見えます。

ベージュ・ブラウン系の配色をつくる場合を見てみましょう。アイボリーやオフホワイトの明るい色からベージュ、ブラウンと徐々に

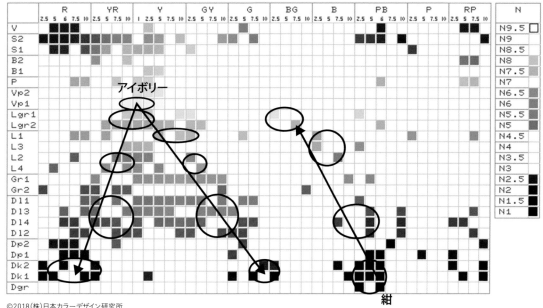

©2018(株)日本カラーデザイン研究所

図表3-23　自然界の法則にのっとった色の取り方

この図のベースは婦人ファッションの慣用色の出現パターンを示したもの。RからYの暖色系はアイボリーを基準として、エンジに向かって暗い色ほど赤み寄りに出現し、YからG系はアイボリーを基準としてダークグリーンに向かって暗い色ほど青みに出現している。BGからPBの寒色系は紺を基準としてアクアブルーに向かって明るくなるほど緑みに出現している。同系色で配色する際、このラインに沿って色を取っていくと馴染みやすい。

明度を下げていく際、暗い色ほど色相を赤みの方向にずらしていくのがポイントです。木の色、土の色、肌の色など自然界にある多くの色は、暗い色ほど赤み寄りに、明るい色ほど黄み寄りに色が出現しています。その自然界のルールにしたがってインテリア空間でも色を選ぶと、しっくりと馴染みやすくなるのです。

インテリア基本色以外の配色も同様です。例えばグリーン系の配色では、明るい緑は黄み寄りに、暗い緑は青み寄りに、が基本ルール。芽吹きの時期の植物の葉の色は柔らかい黄み寄りの黄緑で、新緑、盛夏の緑と、緑が濃くなるにつれて色相が青みの方向にシフトするのと同じです。

ブルー系の配色では、明るいブルーは緑寄りに、暗いブルーは紫寄りに、が基本ルール。リゾートの美しい海を思い浮かべてみてください。波打ち際はエメラルドグリーンで、沖に行くにしたがって深いマリンブルーになるのと同じです。

普段何気なく私たちが目にしている自然の色はとても美しいものです。その色の出方には法則があり、インテリアでもその法則に沿って色相を少しずらしながら配色すると美しくまとまります。もし同系色の配色なのにすっきりせず不自然な感じがする場合は、この法則とは逆方向に色を組み合わせている可能性があるのでチェックしてみるとよいでしょう。

8.面積対比の落とし穴

　インテリアでもエクステリアでも、サンプルで見た色が大面積になったときに、思い描いていた色の印象が大きく変わってしまうことがあります。

　基本的に、同じ色でも面積が大きくなると明度と彩度がアップして見えるといわれています。一方、暗い色の場合は逆により暗く見えることもあります。このような、面積が大きくなるにつれてその色が持つ特徴が強まる現象を面積対比といい、このルールを知らないとインテリアの空間づくりで大きな失敗をしてしまうため注意が必要です。

　大型建造物の外装色を決める場合、タイルやペイント色を1〜2m角程度の大きさにしたサンプルをつくり、現場でクレーンを使って吊り上げ、慎重に色を検討します。

　インテリアでも、カーテンや壁紙などのサンプルを実物の大きさの見本で確認するのがベストですが、難しい場合でもせめて尺角サンプル[6]の大きさで検討したいところです。見本帳の中の小さなサンプルで色を決めると、実際に大面積で使用したときにイメージが大きく変わり、クレームの原因となる可能性があります。どうしても小さなサンプルしか入手できない場合、迷ったら地味なほうの色を選ぶと無難です。

9.カラーユニバーサルデザイン
（高齢者のための色の使い方）

　ユニバーサルデザインとは、アメリカの建築家兼プロダクトデザイナーのロナルド・メイスが提唱した、文化・言語・国籍の違い、老若男女といった差異、障害・能力の如何を問わずに利用することができる施設・製品・情報の設計・デザインのことをいいます。障害を取り除くというバリアフリーから一歩進んだ概念です。

　このユニバーサルデザインにカラーを加えた「カラーユニバーサルデザイン」という概念があります。これは色弱者、高齢者だけでなく誰にとっても見やすく、読みやすく、情報が正しく伝わる色を使うことを目指すという考え方です。現在、NPO法人カラーユニバーサルデザイン機構（CUDO）を中心に、企業や公共の場で積極的な取り組みが見られます。専門的な分野ですので、本書では高齢者の色の見え方と色の使い方の注意点として簡単に触れておきます。

　高齢者は白内障にかかっていることが多いといわれていますが、自覚がない人も多いのが現状です。白内障は加齢により水晶体が黄色みを帯びるために起こるもので、黄みがかったフィルターを通して物体を見ることになるため青や紫など短波長側の色が見えにくく

---

6 1尺（縦横約30.3cm）程度を目安とした実物サンプル。現在はA4サイズのものが多くなっている。

なり、正しく色が認識できません。高齢者施設や病院、公共施設など特に高齢者が多い場所で色を用いる際は、この点を留意する必要があります。

　また身体の衰えにより、異なる部材の組み合せなどで生じるちょっとした凹凸でも転倒しやすいため、インテリア空間の中では特に安全性に配慮する必要があります。そのため、部材の切り替わりや階段の段差などに色を使う場合は、通常より明度差を付けることが解決策の一つです。明度差は色相の見分けが困難な色弱者でも色を区別しやすいため、適度な明度差を付けることはカラーユニバーサルデザインの基本といってもよいでしょう。

Chapter

4

第4章

基本色と
カラーイメージ

―インテリア空間における色の効果―

本章の目的：
好きな色のイメージと
効果的な使い方を知る

　第2章ではインテリア空間で使われやすい慣用色を確認し、特に7つのインテリア基本色の中の白とアイボリーの違い、ベージュの色味の違いについて解説しました。また、ライトブラウン、ダークブラウンのブラウン系については、フローリングの出現範囲の中で木目の色として紹介しました。インテリア空間ではこれらの色の微妙な違いが重要となってくるのは解説した通りです。

　しかし、世の中には派手な色がたくさんありますし、ものの色だけでなく照明の色や自然の色までを含めてすべて色として捉えることもできます。そこで本章では、インテリア基本色以外の主要アクセントカラーとなる赤、オレンジ、黄、緑、青、紫、ピンク、ゴールド、シルバーの9色と、インテリア基本色のうち白、グレー、黒の無彩色3色を取り上げます。

　好きな色をインテリアに生かすには、これら12色の一般的なカラーイメージを知ることが重要です。さらに各色をインテリア空間でどのように使っていくのが最も効果的であるかを解説します。

12の代表色

色名レベルで色を整理する場合、白、黒、赤、黄、緑、青、紫などのように基本的な色の区別を表す用語を「基本色彩語」といいます。アメリカの文化人類学者バーリンと言語学者のケイが、世界の98種の言語についてその基本色彩語を調べた結果、最小は白と黒に当たる2語で、最大だと11語に分かれることを発見しました。日本語の基本色彩語はというと、最大の11語に当たる白、黒、赤、黄、緑、青、茶、紫、ピンク、オレンジ、グレーが使われていることが分かりました。子どものころに絵を描くために使っていた12色のクレヨンや色鉛筆の色を思い出すと、ほぼこれらの色が入っていたはずです。

そこで、本章では代表色を選定する際、基本色彩語の11語の中からベースカラーとして

の役割の大きい茶色を除き、アクセントカラーとして使われやすい赤、オレンジ、黄、緑、青、紫、ピンクの有彩色と、ベースだけでなくアクセントとしても使われる白、グレー、黒の無彩色の計10色を取り上げました。

さらに、光沢感のあるゴールドとシルバーも、インテリア空間の中では部材色としてよく出現し、雑貨などでアクセント的に使われることも多いため、この2色を加えて全部で12色について解説をします。ただしゴールドとシルバーに関しては、その色を全面的に使うというよりアクセントとしての使い方に限定しています。各色の細かい解説については次節以降で述べますが、はじめに12色をインテリア空間で使う際に特に配慮する点を図表4-1にまとめました。

カラー名		インテリア空間での使い方のポイント
アクセントカラー	赤	モダンな空間のアクセントとして少量使う
	オレンジ	アクセント的に使う。電球色の色として意識する
	黄	ブルーやグレーの配色として使う。明度をアップさせて大面積で使う
	緑	色相とトーンを見極める。自然感を訴求するにはGY系
	青	さわやかな青は大面積でも使用可。和風スタイルには藍色を使う
	紫	トーンの違いで和洋を意識して使い分ける
	ピンク	清色と濁色のピンクを使い分ける
	ゴールド	赤みと黄みの違いを意識する
	シルバー	色味があるものとないものを意識する
インテリア基本色	白	モダンな白とエレガントな白を使い分ける
	グレー	色味を揃える。濃淡の効果を出す
	黒	少量をアクセント的に使う

図表4-1　インテリア空間で採用される代表的な色と使い方のポイント

Chapter 4 — 2 | 赤

1. 赤色のイメージ

　赤はファッションの基本色、プロダクトの基本色であり、日本では企業のCIの使用率が高く、国旗にも使われています。筆者が大学生に対して行っている「日本の色」の調査でも、国旗の赤や紅白の赤は日本らしい色の代表として捉えられており、重要な色の一つであるといえます。

　赤色の一般的なイメージは、情熱的、動的、派手、スポーティー、強い、暑い、暖かいなどですが、危険、衝撃的、暑苦しいなどのデメリットイメージもあります。

図表4-2　赤色の主なバリエーション

2. 赤色をインテリア空間に取り入れる

　そんな赤色をインテリア空間に取り入れる場合は、アクセントとして少量使うことを推奨します。例えば、コンクリートや石材などを使った無彩色の空間で、赤いソファや椅子を置いてアクセントを付けるとモダンな印象になります（図表4-3）。子ども部屋では、白木のデスクの取っ手や白いウッドブラインドのテープに赤をポイント使いすると楽しい印象となります。

　逆に避けたいのが大面積で使用することです。暑苦しく落ち着かない空間になりがちです。また、例えばカラフルな柄物のワンピースにインパクトの強い赤はアクセントとしての効果が少なく、黒いスーツに赤いポケットチーフなどの格好で赤が映えるように、アクセントの赤が主役となるような空間を目指すのがセンスよく赤を使いこなす秘訣であることも、少量使いを推奨する理由です。

　赤の中には黄みを帯びた朱赤や、エンジやワインレッドなどを含む暗い赤もあります。朱赤は日本の赤の代表色でもあるため、和風スタイルのインテリアのアクセントとして使うと効果的です（図表4-4）。

　エンジやワインレッドはあでやか、凝った、味わい深い、円熟、高級感、リッチ感などのイメージを訴求するため、明るい空間よりやや暗めの落ち着いた空間のアクセントとして取り入れるとよいでしょう。

図表4-3　赤を少量アクセントとして使ったモダンな空間（住友林業）

黒い革のソファやゼブラ柄のラグが主役のモダンな空間。2脚の椅子の背とテーブルの上の
小物に赤色がごく少量使われている。赤を入れなくても十分美しいが、少量の赤を加えるこ
とで空間に華やかさが生まれている。

図表4-4　朱赤が特徴的な和の空間（トーソー「プリーツスクリーン コルト扇」）

和室は畳や土壁調の自然素材の色だけで地味にまとめられること多いが、障子に代えて朱
赤の和紙調のプリーツスクリーンを使うことで、華やいだ雰囲気の和空間が演出できる。

Chapter 4 − 3 | オレンジ

1.オレンジ色のイメージ

日本で健康感を表す色といえばまずオレンジが連想されるように、オレンジ色の一般的なイメージは健康的、明るい、陽気、開放的、若々しい、親しみやすい、暖かいなどとなっています。一方、安っぽい、あか抜けないなどのネガティブイメージもあります。

食との結び付きが強く、食品パッケージや外食産業のCIによく使われます。また、日常的で親しみやすい色でもあるため、スーパーマーケットや通信・コミュニケーション関連企業などのCIやシンボルカラーとしてもよく使われています。

図表4-5　オレンジ色の主なバリエーション

2. オレンジ色をインテリア空間に取り入れる

派手なオレンジ色はヨーロッパのインテリアやデザインの展示会でトレンドカラーとして提案されることもありますが、日本のインテリア空間ではソファの上のクッションやフラワーベースなどの小物に使われる程度で、大面積で使われることはあまり一般的ではありません。オレンジは派手な暖色系のため色自体の存在感が大きく、赤と同様に大面積で使うと暑苦しくなりがちなため、少量をアクセント的に使うのが効果的です。赤の場合はモダンなイメージの無彩色なインテリアのアクセントとしての使い方を推奨しましたが、オレンジの場合は同じ色相YRのブラウン系の空間でアクセントカラーとして使うとセンスよくまとめやすいでしょう。やや濁色に振ったオレンジ色であればリッチ感も加わります。また、ダークな木目や暗い色の籐家具を使ったアジアンリゾート風の空間の中でファブリックの色として使ってみるのも、非日常感を演出できるのでおすすめです。

ただ、ものの色として使うのはなかなかハードルが高い色でもあるため、インテリア空間でオレンジを使う場合は、まず照明の色として捉えてみるとよいでしょう。

照明の色の中でも電球色のあたたかみのある色はオレンジ系の色と重なります。食べ物の色もオレンジと同じYR系が多く、あたたかみのある電球色で照らすとさらにおいしそうに見えます。また、電球色は夕方の太陽や炎の色と同じで、人の心をリラックスさせるといわれています。特に、家族団らんのダイニングルームやゆったりとくつろぐためのリビングルーム（図表4-6）、浴室の照明として取り入れると効果的です。朝や昼はもっと白い光がよいという場合は、調色や調光のできる器具を使う方法があります。

図表4-6　オレンジ系の電球色を使った空間（大和ハウス工業「xevoΣ」）

あたたかいオレンジ系の照明を使ったリラックス感あふれるリビングルーム。色温度[1]が低い
暖炉の炎や電球色は太陽が沈む夕方の光と同じで癒し効果があり、あたたかさの求められ
る季節にもふわさしい。電球色は暖色系をより美しく見せてくれるので、暖色系である木を
生かした空間に最適。

---

[1] 光源の質を表す用語の一つで、光源の色味の違いを表したもの。高温に熱せられた物体（完全放射体＝黒体）から発散される放射の
　温度（絶対温度）で表したもので、色温度が高いほど青白い光、低いほど赤い光となる。単位はK（ケルビン）。

Chapter 4 ─ 4 | 黄

1. 黄色のイメージ

　黄色の一般的なイメージは、明るい、生き生きとした、親しみやすいなどです。有彩色の純色の中で最も明度が高く目立つため、黄色と黒の組み合わせは踏切などの注意を促す場でよく使われます。また、ビタミンカラーともいわれ、ビタミンC配合のドリンク剤、エネルギーをチャージするための飲料や食品パッケージなどにも古くから使われています。一方、安っぽい、派手、うるさいといったネガティブイメージがあり、好き嫌いが分かれる色でもあります。

図表4-7　黄色の主なバリエーション

2. 黄色をインテリア空間に取り入れる

　風水では西側に黄色または金色のものを置くとお金が貯まるといわれているようですが、ここでは風水抜きで、純粋にインテリア空間で黄色をどのように使ったらよいかを考えていきます。

　黄色にもさまざまな色があり、パンプキンイエローのような少しあたたかみのある黄色からレモンイエローのようなクールな黄色まで色相の幅が広く、イメージも若干異なります。グラフィカルで派手なトーンの黄色がある一方、クリーム色のようなソフトな黄色もあります。

　インテリア空間では、基本的に黄色は赤と同様にアクセントとして使うことを推奨します。ただ、明度の高いクリーム色であれば黄色の喧噪感を抑えられるため、カーテンやロールスクリーンなどの大面積でも使用できます。その場合、空間全体を明るく若々しいイメージにする効果が期待されます（図表4-8）。

　また、単色使いではなくブルーまたはグレーとの組み合わせといった2色の配色も効果的です。これら寒色系との組み合わせは空間全体の印象をクールに保ちつつ黄色が持つ華やかさをプラスすることができ、若々しい印象となります（図表4-9）。特に北欧モダンやシックなインテリアの中にカジュアル感を加えるのに適した配色です。

図表4-8　クリーム色のような明るい黄色をカーテンに取り入れた事例
（トーソー「カーテンレール レガートグラン」）

黄色の明度をアップさせてクリーム色にすることで、大面積でも喧噪感が抑えられ、空間を明るく
見せることができる。

図表4-9　グレーの空間の中に黄色とブルーを取り入れた事例（東京建物「BAYZ TOWER&GARDEN※」）

高明度・低彩度のフローリング、ライトグレーの壁、白を効果的に使ったクールな空間。そこにクール
なレモンイエローのラグとクッション、ダークブルーの椅子が置かれている。黄色が少量プラスされるこ
とで、クールな中にもカジュアルな印象が生まれる。
※協力会社：東京建物(株)、三井不動産レジデンシャル(株)、三菱地所レジデンス(株)、東急不動産(株)、住友
不動産(株)、野村不動産(株)、東京電力(株)

Chapter 4 — 5 緑

1.緑色のイメージ

　日本は自然の緑が豊かなこともあり、2000年代に入るまでは商品やパッケージに緑色が使われるケースは限定的でした。しかし、環境問題からくるエコ意識の高まり、食の安全性や健康志向とともに、緑は一躍時代のカラーとなりました。今ではエコマークをはじめ、エコカーやエコ家電のシンボルカラー、カロリーオフや糖質オフの食料品パッケージ、安全性をうたう食の店舗、医薬品など、幅広い分野の商品色やパッケージカラーとして使われています。

　緑色にも黄緑、緑、青緑と色相の幅があり、清色のフレッシュな緑から深くて暗い濁色の緑までトーンのバリエーションも豊富で、実際に使う場面ではその違いを見極めなくてはなりません。清色的な黄緑や緑の一般的なイメージは若々しい、フレッシュ、新鮮、生命感、安心・安全、エコロジーなどですが、青みの緑になるとそこに爽快感、人工感、洋風感覚が加わります。一方、緑のネガティブイメージは、未熟、軽薄などです。

図表4-10　緑色の主なバリエーション

2.緑色をインテリア空間に取り入れる

　緑色をインテリアに取り入れる場合、その色味に注意して、表現できるイメージを意識しながら使うことが重要なポイントです。例えば、清色の緑はブルーとの組み合わせで北欧モダン風に、彩度高めの濁色の緑は懐かしさのあるレトロな雰囲気づくりに（図表4-11）、深緑はイングリッシュガーデンや英国調クラシックスタイルに、最近のトレンドである濁色の緑はシックな空間のアクセントにというようにさまざまな使い方があります。

　注意点としては、G系の派手なトーンの緑は人工的なイメージが強く、ナチュラルな空間の中で浮いてしまうので、使用は避けたほうが賢明です。代わりに植物の緑を連想させる黄みがかったGY系の緑色を使うと空間に馴染みやすくなります。GY系の緑は自然感とともに和風イメージを訴求しやすいという特徴もあり、GY系の一種である抹茶のような穏やかな緑色は和風スタイルのアクセントカラーとして使いやすい色です。

　一方、青みがかったBG系のターコイズグリーンや明るいトーンのブルーグリーンは、白い空間のアクセントに使うと効果的です。清潔感がありさわやかな色なので、水回りのアクセントカラーとして推奨します。また、洋風イメージを訴求しやすいので、ファブリックなどでフレンチシックな空間のアクセントに使うのもよいでしょう。

　最後に、ものとしての緑色ではなく、人の

図表4-11　彩度高めの濁色の緑を取り入れたレトロな雰囲気のインテリア

（出典：『カリモク60スタイルマガジンk vol.1』発行：カリモク家具　制作：D&DEPARTMENT PROJECT）

1960年代に発売されロングセラーになっている「カリモク60」のチェアとソファを取り入れた空間。彩度が高めの濁色のグリーンカラーが、レトロなイメージを表現するためのアイコンとしてシンボリックに使われている。

図表4-12　ボタニカルリラクゼーションがテーマのインテリア（三菱地所ホーム「市川ホームギャラリー」）
大きなシンボルツリーに加え、ガラストップのテーブルの下にもグリーンを配置し、植物の緑色がナチュラルな空間の主役になっている。
ラグやクッションにも植物に合わせたGY系の緑色が使われ、高級邸宅でも緑による癒しの空間が提案されている。

心を落ち着かせ癒してくれる植物の緑について考えていきます。

　最近は空間のシンボルとしての大型のインテリアグリーンや、小物のように楽しむエアプランツなどがトレンドです（図表4-12）。また、家の中から外の緑を眺めて楽しむといった借景的なインテリアや、アウトドアリビング、テラスなど外と内の境界をあいまいにした中間領域[2]が注目されていますが、そうした空間では植物の緑が欠かせない存在となっています。植物の緑は中性色[3]といわれる色相GYの緑で、夏は涼しく、冬は暖かく感じさせる効果があります。ナチュラルな空間づくりの大切な主役になりうる要素です。

---

[2] 内と外の境界。住宅の内と外をあいまいにつなぐ空間で、戸建住宅では縁側や軒下などが該当する。マンションにおいては専有部のテラスやベランダのほか、敷地内でありながら不特定多数の人が通る通路としてデザインされた空間を指すこともある。
[3] 暖色と寒色の中間にある色相。「暖かい」「冷たい」の両方の印象を併せ持つ。具体的には緑系や紫系の色相が当てはまる。

1.青色のイメージ

青色は赤と同様に日本の企業のCIとして多く採用され、サムライブルーと呼ばれるサッカー日本代表のユニフォームや2020年東京オリンピック＆パラリンピックのシンボルマークにも青色や藍色が使われるなど、現代の日本を代表する色といえます。ターコイズブルーのような色相Bのクールな青からマリンブルーのような色相PBの紫みの青まで色相の幅が広く、水色から藍色、紺までトーンバリエーションも豊富なため、緑色と同様にどのような青なのかをよく吟味して使わなければなりません。

青の一般的なイメージは、爽快感、静的、若々しい、スポーティー、冷たい、クールなど。水色のような明るい青では、そこにクリア、さっぱり、清潔感、明るい、涼しいといったイメージが加わります。ネガティブイメージは人工的、冷たすぎるなどです。

図表4-13　青色の主なバリエーション

2.青色をインテリア空間に　取り入れる

そのネガティブイメージから、インテリア空間の水回りの全面に水色を使うことは、夏以外の季節はひんやりとした印象になりがちなのであまりおすすめできません。通年で青を使うには、コンセプトに合わせて分量や使い方を考慮する必要があります。

青は第2章のインテリア慣用色で紹介したように、本来インテリア空間ではそれほど多く使われてこなかった色です。しかし、男女問わず日本人の嗜好色でもあり、内装色の低彩度化が定着した今では、トレンドカラーから定番色へと変わりつつあります。

具体的な使い方としては、北欧モダンのシンボルカラーとしてのきれいな印象の青、低彩度色のフローリングに合わせたグレーがかった青、男前インテリアといわれるヴィンテージスタイルの強めの青(図表4-14)などが代表的です。リノベーション物件では、ドアや壁の一部に青をアクセントとして使う実例が多く見られます。いずれも感度の高い若年層に支持されやすい青の使い方です。

またこれらの青は比較的大面積で使うことも可能な色です。マンションのモデルルームでアクセントカラーの使い方を調査したところ、青以外の色はクッションや雑貨などの小面積でしか使われていなかったのに対し、青はウッドブラインドやアクセントウォールなど使用面積が大きい傾向がありました。これまで暖色系の赤、オレンジ、イエローは少量をポイント的に使うことを推奨してきましたが、日本人の嗜好色でもあり静的なイメージの青はもっと大面積で積極的に使える色といえますし、白やグレーといったクールな印象の色とのセット配色としてもおすすめです。

図表4-14　さわやかな青色を取り入れたインテリア事例（コスモスイニシア「イニシア志木レジデンス」）

リノベーションや若年層向けの新築マンションで人気のブルー系の典型的な使い方。インダストリアル感覚をベースとしながらも、さわやかな青を大胆に使い、グレーの壁や黒いアクセントカラーとのコーディネートで若々しい印象となっている。

　一方、藍色は日本らしさをシンボリックに表す色であるため、和風スタイルの空間のアクセントカラーとして使うことをおすすめします（図表4-15）。藍染めのテーブルランナーやクッションなどファブリックとして取り入れるだけでなく、白地に藍色の染付の食器や花瓶などによる演出も考えられます。その場合は和食器に限定するのではなく、洋食器でも白地に藍色の柄のものであれば、色の効果で和感覚をさりげなく伝えることが可能です。これらのアレンジは、シニア層でなくても幅広い年代層に受け入れられるはずです。

図表4-15　藍色をアクセントに使った和空間（旭化成ホームズ「ヘーベルハウス」）
白木調のナチュラルな和空間の中で、絞りの藍染めのクッションがアクセントとして効果的に
使われている。藍色は日本らしさを代表する色であるうえ、テーブル下のラグにさりげなく使
われている渋めの紫色が加わることで、より和のイメージが伝わりやすい。

紫

1.紫色のイメージ

　紫は高貴な色といわれる一方、下品な色とも捉えられがちな二面性を持った色です。日本では冠位十二階で紫が最高の位を表す色であったこと、紫根による染色が貴重だったこと、さらに西欧でも貝紫による染色が権力の象徴色だったこともあり、今も昔も紫は高貴な色の代表として認識されています。

　一方で、彩度の高い紫はセクシーさやゴージャスさと結び付くものの、その妖艶さがネガティブなイメージともなりがちです。

　暗めの紫は、紫頭巾、袴、花菖蒲の色などを連想させ、和を代表する色でもあります。このように一般的に紫のイメージは、高貴、和風、雅、気品、高級感、アダルトなどが挙げられます。なお、紫をソフトアップしたラベンダー色は、一般的な紫とはイメージが大きく異なります。エレガント、上品、フェミニン、さらに色名の元である植物の香りから癒しといったイメージが強く感じられ、女性の嗜好色としてもたびたび登場する色です。

図表4-16　紫色の主なバリエーション

2.紫色をインテリア空間に取り入れる

　インテリアの中に紫を取り入れるには、深い紫を和風スタイルのシンボルカラーとして使う方法がありますが、この場合は藍色と同様にクッションなどの小物として少量の使用を推奨します。深い紫以外のトーンでは、雅な印象になる濁色の紫の和紙調スクリーンなどで和空間を演出するのもよいでしょう（図表4-17）。単色ではなく配色をする際は、渋い紫の補色である渋い黄緑系との組み合わせがおすすめです。高級ホテルのラウンジなどで、さりげなく和感覚を伝えるためによく使われています。

　一方ラベンダー色は、エレガントな白い空間の中でファブリックや壁紙でアクセント使いをすることで、フェミニンで洋風なイメージとなります（図表4-18）。そのため、一般住宅の寝室やパウダールームのほか、女性をターゲットとする賃貸住宅のモデルルームでの展開にも向いています。単色ではなく配色として使う場合は清色的な印象のターコイズグリーンやピーコックブルーを合わせると、クールな印象を保ちつつ洗練された洋風感覚が伝わります。

図表4-17　紫色をアクセントに取り入れた和風スタイルの事例
（トーソー「プリーツスクリーン コルト扇」）

雅な印象が強い濁色の紫の和紙調生地を使ったプリーツスクリーン。これを取り入れるだけ
で、シンプルな空間が和の空間に一変する。

図表4-18　ラベンダー色に囲まれた「プチリュクス」をコンセプトとした趣味コーナー
（三井ホーム「chouchou」）

アロマを楽しむためにリビング続きの空間の一角に設置された趣味コーナー。ラベンダーカ
ラーの壁紙やソファから、優雅な癒しのひと時を楽しむことのできる空気感が伝わってくる。
窓枠やレースのカフェカーテンには洋風のインテリアを象徴する白が使われている。

ピンク

1. ピンク色のイメージ

　ピンクは女性に好まれる色の一つです。また、日本の春を象徴する桜の花の色でもあります。そのため市場に出回る商品には、女児向けのファンシーグッズや女性をターゲットとした自動車、理美容家電、洋菓子のパッケージなど、実に多くのものにピンク色が使われています。また、東京パラリンピックのマスコット「ソメイティ」は、桜の触覚と超能力を持つクールなキャラクターとしてピンクで描かれています。東京オリンピックのマスコットである藍色の「ミライトワ」とともに、マスコットを投票で選出した子どもたちからも日本らしさの象徴色として考えられているといえます。

　しかしピンクの色域はとても広く、青みのローズピンクから黄みのサーモンピンクまで色相の幅があるだけでなく、桜色のようなパステル調のピンク、マゼンタのような派手なピンク、穏やかな濁色のエレガントなピンクまで、トーンによってイメージが大きく変化するのも特徴的です。総じて一般的なピンクのイメージはかわいい、甘い、やわらかい、女性的、優しいなどで、ネガティブイメージとして甘すぎる、子どもっぽいと感じられることもあります。

2. ピンク色をインテリア空間に取り入れる

　インテリア空間の中でピンクの色を吟味して使うことは緑や青と同様にとても重要で、そのイメージの違いを意識する際、清色のピンクと濁色のピンクを使い分けることが必須となります。

　清色のピンクは主にかわいらしさを訴求する色として女児向けの子ども部屋にふさわしく、濁色のピンクは女性的でエレガントなイメージを訴求する色として主寝室やドレッサー回りに取り入れたい色です。甘すぎる印象を避けたい場合は、彩度を抑えたピンクベージュに変えて使うのも一案です。どちらの空間でも、カーテン、ベッドカバー、クッションなどのファブリックの色としてなら使いやすいはずです。

　ピンクを使い分ける場合はフローリングの彩度にも目を向けましょう。トータルで清色同士、濁色同士の配色となるよう気を配ると、空間のコンセプトがはっきりと伝わりやすくなります。また、色味の違いに注目すると、黄みのサーモンピンクはナチュラルな木の色との相性がよく、青みのローズピンクはエレガントな印象の白やグレーとの相性がよい(図表4-20)ので、コーディネートの際には覚えておきたい大切なポイントです。

図表4-19　ピンク色の主なバリエーション

図表4-20　クールなピンクを使ったフェミニンなリビング（住友林業）

白を基調とした洋風の空間の中に甘さとクールな印象を持つピンクを取り入れたフレンチシックな
インテリア。落ち着いた濁色のピンクではなく、透明感のあるやや清色的なピンクを使うことで、
若年層女性の嗜好に合致した若々しく上品なイメージが伝わってくる。

1.白色のイメージ

　白は日本人の嗜好色の上位に常に入る色であり、幅広いイメージを訴求する色でもあります。

　清潔感、真新しさ、さわやかさ、純粋、清らか、すっきり、シンプル、クール、モダンなといったイメージが想起されやすく、逆にネガティブイメージは寂しい、はかないなどです。白はファッション、白物家電、自動車などのプロダクトから、化粧品のパッケージ、インテリアなど人々の生活の隅々まで幅広く使われています。

2.白色をインテリア空間に取り入れる

　第2章のアイボリーとの比較で述べた通り、インテリア空間で純白はシンプルでモダンなスタイルのシンボルカラーとして使われます。一方、レリーフや曲線使いなどの装飾的な要素を加え、下地の木の色が透けて見えるような甘さのある白を使うことで、モダンデザインだけではなくエレガントな表現も可能です（図表4-21）。洋風スタイルの一つ、フレンチシックはその代表です。詳細は第5章で解説しますが、壁の塗装色をはじめ、ホワイトサッシ、白く彩色されたフローリング、白いドアや建具、家具というように白がシンボリックに使われ、上品でフェミニンな印象となります。一般的にソフトな色は高級感の訴求には向きませんが、白は質感やデザインを吟味することで高級感を表現することができる色なのです。

　空間の配色テクニックを考える際、白はとても重要な役割を果たします。天井や壁といった空間のベースカラーになるだけでなく、セパレーション（P52参照）をはじめとしたほかの色の抜き色として、どんな色でもすっきりと見せてくれる効果があります。例えば、グレイッシュなフローリングとグレーの壁の組み合わせはトーン差がなく空間全体がぼんやりした印象になりがちですが、その際、ドア、建具、家具などのパーツに白を取り入れることで、すっきりと軽快な印象を加えることができます。

図表4-21　白いエレガントな邸宅 (三井ホーム「VENCE」)

折り上げ天井⁴、漆喰の壁、低彩度色の床タイルなど白を基調とした内装はもちろん、シャンデリアや窓回りの装飾、椅子のデザインを含めて本格的な洋風イメージが伝わってくる。このエレガントな白により、高級感がありながら軽やかさと優しさが感じられる。

4 天井の中央部分を周囲より高く凹ませたもの。空間に奥行きを出す効果がある。

1.グレー色のイメージ

　濁色の代表ともいえるグレーは、汚れた色、汚い色と見なされることがある一方、特に梅雨のある日本では雨に濡れて霞がかった美しい風景や、枯山水などのように侘び寂びの境地を表す成熟した大人の色として評価されています。江戸時代には四十八茶百鼠[5]といわれるようなグレイッシュな低彩度色が、奢侈禁止令の中で江戸の町人を中心に流行しました。このように、グレーやグレイッシュな色はシックな色として日本人に長く愛されてきました。グレーの一般的なイメージはシック、穏やか、渋い、鎮静的、控えめ、枯れたなどで、逆にネガティブなイメージとしてはあいまい、地味、陰鬱、沈んだなどがあります。

2. グレー色をインテリア空間に取り入れる

　インテリア空間ではベージュやブラウンなどの茶系が使われる比率が高く、グレーはインテリア基本色の中ではなかなか主役になりにくい色でした。しかし近年は印刷によるフローリングが一般化し、グレーもフローリングの定番色となりました。その影響で、壁や家具にもグレーやグレージュが多く使われるようになったのです。特にソファを中心に、あたたかみのあるベージュに代わってクールなグレーが使われることが多くなっています。

　御影石などの高級感のあるグレーに加え、最近はリノベーション物件を中心にコンクリートの躯体そのものを見せる手法や使い勝手のよいモルタルの土間が増えています。そうしたクールな素材感を生かしたグレーの提案は今後も増えていくはずです。

　グレーを使いこなすためのポイントは2つあります。1つ目は赤み、黄み、緑み、青み、紫みなどグレーの中にも色味の違いがあり、それをミックスして使うと美しく見えないため、わずかに入っている色味を見極めて同じ色味で揃えることです（図表4-22）。2つ目は、同じ明るさのグレーを組み合わせるとぼんやりとした印象になるので、明暗差、つまりトーン差を意識してすっきりと見せることが必須となります（図表4-23）。グレーの世界は濃淡の世界。トーン感覚を生かしたコーディネートは美しい空間づくりの大切なポイントです。

---

[5] 江戸幕府の度重なる奢侈禁止令によって、庶民は染色に金のかかる赤や紫などの派手な色を着ることが許されず、鼠色、茶色、藍色系統などの渋く地味な印象の低彩度色のみが許されていた。四十八と百は実際の色数を表しているのではなく、そのシックな色合いを総称した色名。千利休に由来する利休鼠や、路考（ろこう）茶などの歌舞伎役者の好みと結び付いた色名も数多く見られる。

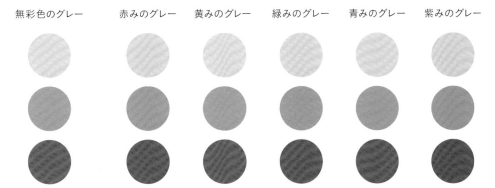

| 無彩色のグレー | 赤みのグレー | 黄みのグレー | 緑みのグレー | 青みのグレー | 紫みのグレー |

図表4-22　グレーの色味の違い

純粋なグレーは無彩色に分類されるが、それとは別に赤、黄、緑、青、紫などがまざった、やや色味を感じる
グレーがある。各色味の違いを見極めて、インテリア空間では混在させずに同じ色味で揃えると統一感が出て
美しく見える。彩度0は純粋な無彩色だが、彩度が0.3〜0.5程度に上がると無彩色でありながら色味を感じる。
そのような無彩色をカラードニュートラルという。

図表4-23　グレーやグレージュを使った都会的なマテリアルミックス感覚のインテリア
（LIXIL「ラシッサD ラティオ」）

グレーの床と黄みのグレージュの壁という絶妙な明度差で空間のベースが構成されている。そこ
にソファのミディアムグレーや、ドア、リビングテーブル、ダイニングチェアの少量の締め色の黒、ダ
イニングテーブルの脚の抜き色の白を加え、空間全体に心地のよいトーン差が付いている。

黒

1.黒色のイメージ

黒はインテリア基本色の中では大面積に使われることは少ない色ですが、高級感を訴求する際になくてはならない色の一つです。モダンさとともに伝統や装飾性も表現できるため、両義性のある色ともいわれています。

日本人の嗜好色としても根強く、特にファッションではベーシックカラーの一つであり、トレンドカラーになるシーズンもめずらしくありません。ピンクが女性向け商品に多いのに対し、黒は男性向けの商品やパッケージに多く使われています。また、黒を語源とする「玄人」という言葉が示す通り、プロ仕様の商品やプレミアム商品など、特定のターゲットを想定した商品に黒が使われるケースもよく見られます。

幅広い意味を持つ黒ですが、一般的なイメージは重厚、荘厳、厳粛、強い、安定感、モダン、シャープ、高級感などで、ネガティブなイメージは暗い、悲しい、重苦しいなどです。

2.黒色をインテリア空間に取り入れる

インテリア空間では、コンクリート、ガラス、ステンレス、アルミ、石材など硬質な空間の中に黒を溶け込ませ、全体にモダンなイメージを訴求するのがこれまでのオーソドックスな黒の使い方でした。また、タワーマンションのインテリアでは、シャンデリアやシステムキッチン、家具などで光沢感のある黒色を取り入れて、華やかな高級感を訴求するケースも見られます。最近はインダストリアルやヴィンテージスタイルのシンボルカラーとして使われ、久々にインテリアのトレンドカラーとなりました（図表4-24）。

黒は重く暗い色であり、圧迫感が出やすいので、使う分量には注意が必要です。そのため、大面積ではなくアクセントカラーや締め色として少量使うことを推奨します。現在はテーブルや椅子の脚、フレームなどのライン使いで黒を加え、ナチュラルな空間を引き締める使い方が一般的です。

図表4-24　黒を大胆に使うことでインダストリアル感覚を表現した空間
（コスモスイニシア「イニシア朝霞本町」）

色幅のあるダークなフローリングと黒の組み合わせによって典型的なインダストリアルスタイルが表現された空間に仕上がっている。このスタイルを表現するため、これまで外壁色との組み合わせで決められてきたサッシの色が、インテリア側からも意識され黒が採用されていることにも注目したい。

ゴールド

1.ゴールド色のイメージ

　ゴールドは色相YのSトーンを中心とした華やかな色で、ゴージャス、派手、リッチ、熟成、芳醇、豊かさなどのイメージがあります。一般的には高級感が訴求される一方で、「けばけばしくなる」と避けられることもあり、好き嫌いが分かれる色でもあります。最近は色相をやや赤みに振ったピンクゴールドやシャンパンゴールドなどがアクセサリーの金属色や家電製品、カメラ、スマートフォンなどでポピュラーに使われるようになっています。

2.ゴールド色を インテリア空間に取り入れる

　インテリア空間で色としてゴールドを捉える場合、ベーシックな黄みのゴールドに加え、赤みのカッパーや真ちゅうまで広げて考えたい色です。カッパーは少し前からヴィンテージ＆インダストリアル感覚の空間で多く見られましたが、最近は素材色として真ちゅうがより注目されています。また、グレーを基調としたシックな空間に華やかさを添えるためにゴールドを使うのが最近のトレンドです。

　具体的には照明器具や家具の一部、ドアノブなどのパーツに取り入れやすく、食器のアクセントカラーのゴールドまで含めて、華やかさを添えてくれる重要なアクセントカラーといえます。

　以前はクラシックやゴージャスなイメージを訴求する洋風スタイルの部品色としての使い方が定番でした。最近はシンプルモダンなデザインの照明器具や家具の脚にゴールドを用いてカジュアルなイメージとして表現するのが新鮮に捉えられ、そうした使い方も広がっています。

シルバー

1. シルバー色のイメージ

　光沢感のあるシルバーはモダン、シャープ、ハイテク感、未来感、洗練などがイメージされ、ネガティブなイメージとして人工的で無機的、平凡などという一面もあります。マットなシルバーになるとグレーカラーに近くなり、シック、穏やかといったイメージも加わります。特に自動車では白とともに定番色の一つであり、プロダクトの色としては昔も今も重要な色です。

2. シルバー色を　インテリア空間に取り入れる

　インテリア空間でのシルバーは、2000年代前半のシンプルモダン全盛時代にはアルミやステンレスのカラーとして多用されていました。それ以前は木に合わせてやや黄みがかった暗めのシルバーが使われていましたが、現在は比較的色味のない明るめのシルバーが主流となっています。最近はゴールド系の人気にやや押されているものの、今でも照明器具、ドアのハンドルやサッシの色などベーシックな部材色として定番的に使われています。

　特にサッシのシルバー系には黄みを含んだシルバーと、黄みを含まないクールなシルバーがあり、外壁色や空間のコンセプトに応じてこだわって使い分ける設計者もいます。白とアイボリーを使い分けるのと同様に、シルバーも黄みのシルバーと色味のないシルバーを使い分けることを意識するとセンスアップにつながります。

　照明器具では特にモダンなデザインのものによく用いられていますが、最近は装飾的なシャンデリアでゴールドの代わりにシルバーを使う方法がよく見られます。アクセントカラーをゴールドからシルバーに変えることで、クラシックな様式性を感じさせながらもクールな印象を与えることができるというわけです。また、無彩色の空間にシルバーを使って全体をクールにまとめるのではなく、ナチュラルな空間にモダンさや洗練感を加えるアクセントカラーとしての使い方が定着しています。

Chapter 5

第5章

好きなスタイルや
イメージを表現する方法

―インテリアの方向性を決める要素―

本章の目的：
基本的なインテリアスタイルを理解する

　日本の家は、従来は木造が主流だったものが、現在はさまざまな工法で建てられるようになりました。それに伴い室内空間も障子、襖、畳などからビニール壁紙、木質のフローリングへと変化し、そこにカーテン、照明、家具を入れて空間全体を完成させる「インテリアコーディネート」の概念が1980年代以降に一般化しました。

　インテリアコーディネートをするうえで重要なのは方向性を決めることです。そして、どんな感じの空間にしたいのかの方向性を示す方法の一つがインテリアスタイルです。インテリアテイストやイメージなどとも呼ばれますが、本書では基本的にスタイルと表記します。インテリアスタイルは、人の好みを反映する指標のようなものでもあります。最近は、既存のスタイルは不要、自分の好きなものを集めて空間を編集するという考え方も出てきています。しかし基本的なスタイルを整理しておくことは、やはり美しく心地よい空間づくりにとって意味があることです。

　この章ではいくつかのベーシックなスタイルについて、壁や床などの内装や、家具、カーテン、小物などのインテリアアイテムの特徴をまとめました。色、形、素材、柄から成るデザイン要素と、各要素の組み合わせの方法を学びます。

インテリアスタイルの分類

現代日本におけるインテリアスタイルは、大きくは和風、洋風、そのどちらにも入らない現代風に分けられます。

和風スタイルは、伝統的な畳での床座は和室に残っていますが、より現代の生活様式に即して椅子座の生活の中でどのように表現していくのかという視点で整理します。

洋風スタイルは欧米の建築様式を取り込んだものと捉え、英国調、南欧風、フレンチシック、北欧風、プレーリーの5種類に絞りそれぞれの違いを明確にします。

現代風は様式性のないコンテンポラリーなスタイルと言い換えることができます。コンテンポラリースタイルは和風や洋風のように明確な約束ごとがなく、イメージ的な視点で語られるものが多いのですが、ロングライフ的なものから最近のトレンドまで、いくつかをピックアップして整理します。具体的にはナチュラル、オーセンティック、シンプルモダン、カジュアル、ヴィンテージ＆インダストリアルを取り上げます。

なお、オリエンタルやアジアンエスニックなどのリゾート感覚のあるスタイルに関しては、趣味性が高くやや特殊なためここでは除外しています。

インテリアスタイル	
和風スタイル	
洋風スタイル	英国調
	南欧風
	フレンチシック
	北欧風
	プレーリー
コンテンポラリースタイル （現代風スタイル）	ナチュラル
	オーセンティック
	シンプルモダン
	カジュアル
	ヴィンテージ＆インダストリアル

図表5-1 現代日本における主なインテリアスタイル

和風スタイル

ここで述べる和風スタイルとは、和室に代表される床座の様式ではなく、ソファや椅子の現代的な生活様式に和の要素を取り入れた空間を指します。

以前は黒く塗られた木材＋赤といったハードな印象の和風スタイルもよく見られましたが、現在は白木調から中明度の木を中心としたナチュラルな空間に、和の造形要素を加えて完成させるスタイルが主流となっています。和の要素としてキーとなるのが、フローリングの空間の一部に設置された畳や障子、縦格子、格子などの建具です。壁は真っ白より聚楽壁[1]のようなやや色味のある塗壁調のものが多く、ドアより引戸が多く使われます。もともと日本の暮らしは床座であったため、和風スタイルで椅子座の場合もソファや椅子の座面を低くし、ベッドも低めのものが基本となります。

窓回りで障子を使わない場合は和紙調のスクリーンや簾を使用することが多く、照明はイサム・ノグチ[2]の「AKARI」に代表されるような和紙製や行灯をイメージさせるもの、家具はジョージ・ナカシマ[3]に代表されるような木の素材感を生かした椅子や一枚板のテーブルがシンボル的に使われます。

もともと和の建築は水平垂直を基本としているため、全体的にデザインは直線基調のすっきりとしたものがメインとなります。また、内と外を明確に分離するというより、室内外が穏やかにつながるという考え方なので、軒下空間、縁側、土間といった外とつながる要素を取り込むことも分かりやすい表現の方法です。また、どちらかというと色より素材感を重視しますが、藍色、抹茶色のような緑、朱赤、深い紫など和をイメージさせる色をアクセントカラーとして使う方法もあります。

ターゲット層は比較的和式の生活経験がある、やや年配層が中心となります。

和風スタイルをつくる主な要素

カラー ……… ナチュラルな木目色、ベージュ、藍色、抹茶色、朱赤、深い紫

素材 ………… 木、い草、和紙（調）、土

デザイン …… 低座、直線基調、すっきり、素材感、外部とのつながり

内装 ………… 白木調〜中明度のフローリング、畳、障子、縦格子・格子（建具）

アイテム …… 木の素材感を生かした低めの家具、和紙調のスクリーン、簾、和紙製の照明

---

1 和室の壁の仕上げとして伝統的に使われてきた土壁の一種。京都の聚楽第跡地付近から出土した良質な土が使われることが多いことから命名された。土の色が基になっているため、黄みの地味な色が多い。
2 日系アメリカ人の彫刻家、造園家、インテリアデザイナー（1904〜88）。アメリカやイスラエルを中心に彫刻、造園、舞台芸術のほか、家具や照明等のインテリアデザインで世界的に活躍。特に岐阜提灯を現代的にデザインした「AKARI」は有名。
3 日系アメリカ人二世の工芸家（1905〜90）。1934年に来日、アントニン・レーモンド建築事務所で軽井沢聖パウロカトリック教会の設計と家具の設計を担当。素材としての木を愛し、代表作「コノイドチェア」をはじめ数々の木製家具を生み出す。

図表5-2　和風スタイルの生活空間①（積水ハウス）

明るい木の色を生かしたすっきりとした空間がベース。間仕切りに細かい縦格子の引戸を採用した、ナチュラルな印象の和風スタイル。
ソファは一段低い位置に設置され、座ったときの目線が和の空間にマッチするよう意識されている。クッションの色には茶色とともに、
和をイメージさせるグリーン系がさりげなく使われている。

図表5-3　和風スタイルの生活空間②
（ミサワホーム「GENIUSいろどりの間」）

ダークな木目色、垂直水平ラインを強調した障子、
白い壁のコントラストがモダンな印象の和風スタイ
ル。ダークブラウンの座面の低いソファ、和紙製
の照明も和の雰囲気を強調している。

洋風スタイル

1.英国調

　曇りや雨の日が多いこともあり、煙突付きのレンガ造りに代表される重厚さが特徴のイギリスの家。インテリアも同様に、どっしりと落ち着きのあるスタイルが基本です。赤みがかった暗い色のフローリングに木製の腰壁、廻り縁、折り上げ天井にも木を使った重厚なイメージの空間の中に、ドレープたっぷりの装飾的な柄物のカーテン、ペルシャ絨毯、猫脚や曲線使いのクラシック家具、金色のシャンデリアなどの高級感のあるアイテムを配して、華やかかつ重々しくまとめたスタイルが長らく定番でした。色はエンジ、パープル、ワイン、ゴールドといったゴージャスなイメージのあるものが使われ、高級感のあるインテリアを表現するうえで最も分かりやすいスタイルでもありました。

　最近のシンプル化の流れでこうした重厚なインテリアはほとんど見られなくなりました

が、今でも英国調を表現する場合は、その要素を現代の形式に昇華して取り入れることが鍵となります。

　例えば、ドアや建具、システムキッチンなどの面材はフラットなものより框⁴のついたものにする、パーケット（寄せ木）のフローリングを採用する、カーテンや家具に使うファブリックは一見無地でも織柄で凝った表現のものを用いる、素材や色は変えてもデザインの基本はクラシック家具の要素を取り入れる、シャンデリアの金属色をゴールドからシルバーに変更しガラスのキラキラ感を空間のアクセントに使うといった方法です。

　このようにシンプルにアレンジされた英国調は、現在、高級マンションや高級邸宅の代表的なスタイルの一つとして見られます。従来の英国調は年配層が主顧客でしたが、シンプルにアレンジされた今の英国調は、本格派エレガント志向の人であればもう少し若い層までカバーできるでしょう。

英国調スタイルをつくる主な要素

カラー ┄┄┄┄ 基本：ブラウン、エンジ、パープル、ワイン、ゴールド
　　　　　　　　アレンジ：シルバー、ホワイト、ブラック
素材 ┄┄┄┄┄ 木、重厚感のあるファブリック、金属
デザイン ┄┄ 重厚感、ゴージャス感、高級感、伝統的、装飾的
内装 ┄┄┄┄┄ 赤みがかった暗色のフローリング、腰壁、廻り縁、折り上げ天井、框付きの扉、ステンドグラス
アイテム ┄┄ 柄物のカーテン、ペルシャ絨毯、猫脚や曲線使いのクラシックな家具、シャンデリア

---

4 面材の周囲に付けられた枠のこと。凹凸が付くことで装飾的な要素が強まる。
5 18世紀後半から19世紀前半にかけて見られたイギリスの家具様式。この時代の家具デザイナーであるトーマス・シェラトンに代表される様式。垂直線が強調され、脚が先細りになった優美なデザインが特徴。

図表5-4　洋風スタイル・英国調の生活空間①（積水ハウス）

本格的な英国調スタイルの代表的な空間。深みのある色やステンドグラスに至るまで、細部にこだわった装飾的なデザインから高級感が伝わる。現代風にアレンジする場合もここで使われている要素を確認したい。

図表5-5　洋風スタイル・英国調の生活空間②
（カリモク家具「domani QUEENS LIFE」）

イギリスのシェラトン様式[5]に基づいたデザインの家具を取り入れた空間。白い暖炉や明るい色調のファブリックを使うことで、重厚な印象の英国調の空間を明るく軽快な印象に変えて見せている。

2.南欧風

　南欧風とは、スペインのアンダルシア地方やフランスのプロヴァンス地方を代表とした、雨が少ない地中海に面した地域の家のスタイルを指します。その外観は、窓などの開口部や軒の出が小さく、オレンジ系の焼物の屋根瓦、白く塗られた外壁、黒いロートアイアン[6]の装飾などが特徴です。本来はもっと素朴な印象ですが、1990年代後半から2000年代前半にかけて日本のハウスメーカーや工務店による建売住宅にオレンジ、クリーム、ピンクといった清色のかわいらしい色がシンボル的に使われたことで、日本独自の南欧風住宅のイメージがつくられることとなりました。そのためインテリアでも、壁をクリーム色や薄いオレンジ系で塗装したり、カーテンレールや照明器具、家具の一部にアイアン調の黒を使っ

たりするなど、外観デザインの要素をシンボル的に取り込んだものが見られました。また、アーチ状の開口部を付ける、壁や家具のアクセントにクラフト調のタイルを使う、床にはフローリング以外にコット調(テラコッタ調)のタイルを使う、素朴な木製の梁や家具を取り入れるというのも特徴です。

　こうした従来の南欧風は、ガーデニングを楽しみ、テラスで過ごすのが似合うインテリアであることは今も変わらず、いまだファーストバイヤー[7]の女性を中心に支持が高いスタイルです。ただ、現在の南欧風はほかのスタイルと同様にシンプル化の流れが顕著で、彩度の高い暖色系のアクセントカラーはほとんど使われなくなっています。ウッディーなイメージで全体をまとめるのではなく、白い家具とミックスして使うなど、よりすっきりとした表現が多くなっています。

南欧風スタイルをつくる主な要素

カラー ……… クリーム色、白、薄いオレンジ、ピンク
素材 ………… 木、テラコッタ、アイアン(調)
デザイン …… 素朴さ、クラフト調、外部とのつながり
内装 ………… フローリング、コット調タイル、アーチ状の開口部 、木の梁、塗り壁
アイテム …… 木製家具、ロートアイアンの家具・カーテンレール・シャンデリア、ガーデニンググッズ

---

6 主にヨーロッパで発展した手工芸鍛鉄。炉で熱した鉄をハンマーで叩く、のばす、曲げるなどしてデザインした形に造作する。 門扉や階段の手すり、窓枠、家具の装飾などに用いられることが多い。現在は鉄の代わりにアルミやステンレスなどを材料に用いたものも見られる。
7 初めて住宅物件を購入する人のこと。「住宅一次取得者」ともいう。

図表5-6　洋風スタイル・南欧風の生活空間①（積水ハウス）

従来の典型的なスタイルであった素朴な南欧風をすっきりと現代風にアレンジした事例。アーチ状の開口部、黒いロートアイアン風の
カーテンレール、ベランダとつながるタイル使いの床など南欧風の要素を盛り込み、若々しい洋風イメージの空間となっている。

図表5-7　洋風スタイル・南欧風の生活空間②
（積水ハウス）

1990年代後半から2000年代前半にかけての日本
における典型的な南欧風インテリア。クリーム色の
壁、テラコッタの床、木の梁の内装に、白い家具
や彩色した藤の椅子、レースのカーテンなどをあ
しらった、やや素朴でカジュアルな印象の空間。

3.フレンチシック

　フレンチシックは、南欧風の流れをくみながら、フランスのおしゃれなイメージをより強調したスタイルです。従来のあたたかみのあるかわいらしい南欧風に代わって、現在若年層の女性に人気が高いスタイルの一つとなっています。

　キーカラーは白。プレーンな白を使って上品にまとめるケースもあれば、ペイントが剥げて木の下地が見えるような素朴なシャビーシック調まで幅広く展開されています。そのためフローリングや家具に白く彩色した木が多く使われます。

　そこにホーロー、麻、ブリキや、カフェオレボウルなどに見られる厚みのある陶器、ブロカントといわれる使い込んで味のある古道具を添えて、リラックス感とフェミニンさを融合させたイメージを表現するのが代表的なコーディネートです。

　ファブリックにはレースや甘さのあるフェミニンな色や花柄が多く見られますが、華やかな多色のものではなく、低彩度のトーン配色や単色が中心となります。

　前出の英国調、南欧風とともに花を飾るライフスタイルとの親和性が高いのも特徴です。英国調は本格的なイングリッシュガーデンのような格式高いイメージですが、フレンチシックはパステル調や、ややシックな色合いの花が似合うイメージです。

フレンチシックスタイルをつくる主な要素

カラー ……… 白、低彩度のピンク・ラベンダー・ターコイズブルー、甘さのある色
素材 ………… 白く彩色した木、ホーロー、ブリキ、麻、陶器
デザイン …… シャビー、リラックス感、フェミニン
内装 ………… 白く彩色したフローリング、白い壁、框付きの白い建具
アイテム …… 装飾的な白い木製家具、ホーローやブリキの小物、カフェオレボウル、
　　　　　　　レースなど甘さのあるファブリック、麻にプリントしたようなファブリック、花、シャンデリア

図表5-8　洋風スタイル・フレンチシックの生活空間①（パナソニック ハウジングソリューションズ）

木目を生かしながら白く彩色したフローリング、装飾的な要素のある白い家具を取り入れたフェミニンな空間。ナチュラル感を損なわないために、アクセントとして色を加える場合も、低彩度のピンク、ラベンダー、淡いターコイズブルーなどの色がふさわしい。

図表5-9　洋風スタイル・フレンチシックの
生活空間②（住友林業）

白い床や壁の内装に、白い家具やシャンデリアなど全体をプレーンな白でまとめ、アクセントカラーとして甘さのあるピンクを添えたクリア感のあるエレガントな空間。図表5-8のナチュラル感のあるフレンチシックに比べて清色的な印象を強調している。

4.北欧風

　北欧の家の外観は、豊かな森林資源を背景に木を贅沢に使用したログハウス様のものや、雪の中でも自分の家が見つかるように錆止めの赤をはじめ派手な色が塗られたカジュアルな印象のものが多く見られます。そのため日本では外観にこのスタイルを採用することはまれですが、一方で北欧風のインテリアは長らく日本人に親しまれている代表的なスタイルです。

　北欧は冬が長く夜が長いため照明へのこだわりが強く、さらにポップな柄物のファブリックなどでインテリア空間を明るく演出するという考え方が基本となっています。また森と湖の国といわれるように木材が豊富で、木製の名作家具が数多く生まれています。

　北欧風のインテリアは、もともと日本人の好みである白木を基調としたナチュラルな空間の中に、北欧モダンの家具、名作照明、マリメッコ[8]などの大胆なプリントのテキスタイルを入れて完成させることが多く、白木調のナチュラルな空間が用意できれば後から取り入れるアイテムで簡単にこのスタイルが表現でき

ることも人気の一因といえます。例えば「Yチェア[9]」は北欧の名作家具ですが、北欧モダン以外に和モダンなインテリアでも用いられるように、北欧のシンプルなデザインは日本のデザインとかなり共通するところがあります。ログハウスなどでより本格的な北欧風を表現するには暖炉を設置して壁面にも木を多用するなど大掛かりな方法が考えられますが、そこまでしなくても十分に北欧スタイルは表現可能です。

　以前は白木調のフローリングや家具に、ブルー系やグリーン系などのさわやかな印象のテキスタイルや柄の壁紙を使ったコーディネートが比較的若年層のインテリアのトレンドとなっていましたが、現在は定番のスタイルの一つになったといってよいでしょう。最近は上質な中明度のフローリングをベースに、飴色になったアンティーク（風）の家具を取り入れて、あたたかみやほっこりとした印象をより強調するスタイルが目立っています。この懐かしい感覚は、団塊世代をはじめとするシニア層が若いころにモダンデザインとして流行ったものでもあるため、より幅広い年代層に受け入れられるものと考えられます。

北欧風スタイルをつくる主な要素

カラー ……… 白、彩度高めの青・緑／ブラウン、落ち着きのあるアクセントカラー
素材 ……… 木、クラフト調タイル
デザイン …… ナチュラル、モダン、クラフト感
内装 ……… 白木〜中明度のフローリング、木の壁や天井 、暖炉、柄の壁紙
アイテム …… 名作家具、アンティーク（調）家具、名作照明、大胆なプリントのテキスタイル

図表5-10　洋風スタイル・北欧風の生活空間① (住友林業)

フローリングや天井に上質な木を使ったナチュラルな空間がベース。そこに北欧モダンの名作照明、クラフト感あふれる家具、ラグ、アートを取り入れ、あたたかみのある大人の北欧スタイルに仕上がっている。北欧モダン＝寒色系アクセントとは限らない好例。

図表5-11　洋風スタイル・北欧風の生活空間②
(東京建物「Brillia多摩ニュータウン」)

明るいフローリング、白木調のYチェアのダイニングなど基調はすっきりとしたナチュラルな空間だが、壁やカーテンにグリーンを、空間のアクセントにブルーのスワンチェアを配するなど、寒色系をアクセントに用いクールで若々しい印象の北欧風に仕上げている。

8　1951年にアルミ＆ヴィリオ・ラティア夫婦によりフィンランドで創業されたファブリックを中心とするデザインハウス。独創的なプリントと色づかいによって世界的に広く知られる。
9　1949年にデンマークの家具デザイナー、ハンス・J・ウェグナー (1914〜2007) がデザインしたダイニングチェア。中国の椅子がデザインの原点で、曲線を描く背もたれとペーパーコードの広い座面が特徴。

5.プレーリー

アメリカの建築家であるフランク・ロイド・ライト[10]のデザインに代表されるスタイル。ライトが深い庇、低い屋根のラインなど水平性を強調した日本の家を基に自然環境と調和するデザインを取り入れて、アメリカの草原の家と名付けたことから、北米大陸に広がる広大な草原地帯を指してプレーリースタイルやプレーリー様式と呼ばれています。デザインの基本的な土台が日本の家ということもあり、洋風スタイルと分類するより和洋折衷というほうがしっくりくるほど日本の風土に馴染みやすいスタイルです。

インテリアの核になるのは暖炉ですが、ウォールナットなどの暗色のフローリング、廻り縁、柱回り、窓回り、天井に木のアクセントを使うなど、木の使用面積が比較的多くなっていること、さらに木の部材が線的に表現されることも特徴です。暖炉回りには大谷石[11]などの石材が使われ、皮革の椅子やソファなど落ち着いた色調と高級感あふれる上質な素材使いがポイントです。

格調の高さがポイントであるため、高級邸宅のインテリアスタイルの一つとして英国調とともに今もなお存在感を発揮しています。

プレーリースタイルをつくる主な要素

カラー ……… ブラウン、落ち着いた色調

素材 ………… 木、石（大谷石など）、皮革

デザイン …… 和洋折衷、直線、高級感、格調高さ

内装 ………… 暗色のフローリング、廻り縁、窓や柱に木のアクセント、石材の暖炉

アイテム …… 直線的な木の家具、皮革の椅子やソファ

---

10 アメリカの建築家（1867〜1959）。「近代建築の三大巨匠」の一人として、400以上の作品を残す。住宅建築の伝統的概念を脱し自然と建築の共生を唱えた「有機的建築」は世界の建築界に大きな影響を与えた。代表作に「ロビー邸」、「落水荘（カウフマン邸）」、「グッゲンハイム美術館」など。日本にも「旧帝国ホテル」、「旧山邑邸」などいくつかの作品がある。
11 栃木県宇都宮市大谷町付近で採取される石材。柔らかく加工しやすいことから、昔から外壁や土蔵などの建材に使われてきた。

図表5-12　洋風スタイル・プレーリーの生活空間①（三井ホーム「DESIGN COLLECTION TRADITIONAL」）

窓回りや天井に木の装飾が施され、暖炉が空間の中心に設置された本格的なプレーリースタイルの事例。この洋風スタイルをもっとシンプルにアレンジし、暗色の木と直線基調のデザインを取り入れて高級感を訴求する流れが、後述のコンテンポラリースタイルのオーセンティックにつながっていく。

図表5-13　洋風スタイル・プレーリーの生活空間②（三井ホーム「DESIGN COLLECTION TRADITIONAL」）

直線状に装飾された窓回り、ステンドグラスや椅子の柄、ライトがデザインした照明器具などから、プレーリースタイルの特徴がよく伝わってくる。テレビを収納するキャビネットが暖炉の代わりに空間の中でポイントとして使われている。

コンテンポラリースタイル

1.ナチュラル

　ナチュラルスタイルは、白木や中明度の木を基調とし、直線的でシンプルなデザインで構成された空間が特徴です。フローリングや建具にはホワイトオークやメイプルなどの無垢材や突板などが使われます。ただ、最近では印刷でもより自然なテクスチャーの木目が表現できるようになったため、自然の風合いを感じさせるものであれば木調プリントでも使用可能です。また、空間自体は窓が大きく、明るく開放的で光や風を感じることができるほか、インテリアに観葉植物を取り入れたり借景を楽しむといった自然との共生もポイントとなります。造作、家具のデザインとも優しい直線ベースですっきりとしたものが主流です。色より素材感を重視するスタイルで、コットン、麻などの自然素材を中心にオフホワイト、アイボリー、ベージュといったナチュラルカラーで構成されます。

　いつの時代も日本人に好まれやすく、老若男女誰からも嫌われにくいスタイルとして幅広く採用されています。したがって、不特定多数に向けて販売される建売住宅やマンションのインテリアでは、売り残りの出にくいこのスタイルを設定するのは必須といえます。

　また、このスタイルを基本として家具や照明器具を変化させることで、さまざまな味付けが可能となります。例えば、後述するシンプルモダンのクールな要素を取り込めばナチュラルモダンに、アクセントカラーをうまく使えばカジュアルになります。インダストリアルスタイルから派生した、黒を少量加えたハード・ナチュラルも注目のアレンジ方法です。

　最近はインテリアとエクステリアをつなぐ中間領域を充実させることが注目されています。これは日本の風土に合った和風住宅と同じで、外界の自然から室内をプロテクトするのではなく、自然を室内に取り込み、軒下などの半戸外を生活空間の一部として楽しむという考え方です。近年和風住宅は減りつつありますが、和の空間の考え方を取り入れるこうした流れは、今後もナチュラルスタイルで脈々と受け継がれていくでしょう。

ナチュラルスタイルをつくる主な要素

カラー ……… オフホワイト、アイボリー、ベージュ、グレー、リーフグリーン

素材 ………… 木 (メイプル、ホワイトオークなど)、コットン、麻

デザイン …… 自然の造形を生かしたもの、シャープすぎない直線、自然との共生

内装 ………… 白木〜中明度のフローリングや建具、タイル壁、天井や壁に木のアクセント使い

アイテム …… 木製家具、自然素材の小物、観葉植物

図表5-14　コンテンポラリースタイル・ナチュラルの生活空間① (住友林業)

無垢材のホワイトオークのフローリング、タイルを含めた白い壁、明るい色調ながら質感を感じさせる空間がベース。そこにライン使いの黒を階段の手すりやテーブルの脚に取り入れることで、モダンさを加えた現代的なナチュラルスタイルが表現されている。

図表5-15　コンテンポラリースタイル・ナチュラルの生活空間② (大和ハウス工業「xevoΣ」)

中明度の木をフローリングだけでなくサッシや天井の一部にも使い、外装材に使われるような味わいのあるタイルを加えることで、素材感を際立たせた空間。家具は同系色のベージュ系でまとめずにグレー系でクールにアレンジするのも、最近のコーディネート方法。

2.オーセンティック

「正統派」「本物の」を意味するオーセンティック。一説には2000年代後半に建材のシートを提供する印刷会社がダークな木目柄のシートを売り出す際に、格調高い正統派のインテリアという意味を込めてネーミングしたことから広がったスタイルといわれています。

　英国風などの決まった様式性はなく、直線基調のシンプルなデザインで、ブラックウォールナットなどの落ち着いた木目や色を生かしたスタイルを指します。プレーリースタイルの様式性を排除し、より現代風にアレンジしたものをオーセンティックスタイルと言い換えているケースもあります。シックという名称でこのスタイルを表現している企業もありますが、NCDではグレーやグレイッシュカラー基調のインテリアをシックと定義しているため、ここではオーセンティックとしました。

　2000年代後半はナチュラルスタイルが子世帯の定番だとすると、オーセンティックスタイルは親世帯の定番として二世帯住宅でよく提案されていました。最近では高級邸宅の代表的なインテリアとなっています。装飾性の高い英国調や白黒基調のモダンなインテリアも高級邸宅でよく見られますが、これらは好き嫌いが分かれやすいのに対し、オーセンティックは誰からも好感を持たれやすいスタイルです。

　高級マンションでは床にベージュの石材、ドアや建具に暗い木目色を用い、コントラストの強さでモダンさを強調するコーディネート手法がよく見られます。戸建住宅では白い壁で全体をまとめるのではなく、暖炉やテレビ回りに大谷石や茶系のタイルを加えて高級感を演出する方法も見られます。ベージュからダークブラウンにかけての濃淡とグレー系をミックスしてやや男性的なイメージでまとめるのが、オーセンティックの典型的なコーディネートです。

オーセンティックスタイルをつくる主な要素

カラー ……… ベージュ～ダークブラウンの濃淡、グレー、黒
素材 ………… 木（ブラックウォールナットなど）、石、タイル
デザイン ….. 直線、エッジィ、シンプル、コントラスト、格調高さ、高級感 、邸宅感
内装 ………… 暗色のフローリングや建具、白壁、石材の床や壁 、天井や壁に木のアクセント使い
アイテム …… ゆったりとしたソファ、高級家具

図表5-16　コンテンポラリースタイル・オーセンティックの生活空間① （ミサワホーム「センチュリープリモア」）

エッジの効いた直線基調の空間デザイン、フローリング、天井、窓回り、建具に使った濃色の木と白い壁とのコントラストがスタイリッシュなイメージ。ダークグレーの家具はトーン感覚を生かしつつ、モダンさを表現している。ハイクオリティな邸宅デザイン。

図表5-17　コンテンポラリースタイル・オーセンティックの生活空間② （積水ハウス）

ダークカラーのフローリングと白壁とのコントラストに加え、壁面のダークグレー色の石材、折り上げ天井の立ち上がり部分の木材など本物の自然素材を用いることで、圧倒的な高級感を演出している。

3.シンプルモダン

シンプルモダンは2000年代前半に大きなトレンドとなったスタイルで、基本は直線基調のミニマムなデザインです。石材、タイル、ガラス、ステンレス、アルミといったクールで硬質な素材を使い、白や黒の無彩色で空間をまとめていくのが基本となります。

もともとは「建築家が設計する家」のイメージが強くありましたが、団塊ジュニア[12]がファーストバイヤーとなった時代に彼らの嗜好に合致していたことや、1980年代後半から90年代初頭のバブル時代に来日した海外の建築家やデザイナーが、日本のデザインを学びミニマムデザインとして発表したものが逆輸入の形で取り入れられた結果、ハウスメーカーやマンションデベロッパーでもこのスタイルが提案され大流行しました。

色は無彩色が中心となり、主に白やシルバーで全体を明るくまとめるものや、逆に白×黒のようにコントラストの強いカラーコーディネートがあります。床に明るい色を使い、建具に濃色を使うのもこのコーディネートでは定番です。

フローリングや建具の木の色はゼブラやウェンジといった黒に近いものか、逆に白やライトグレーがよく使われます。また、このスタイルで白を使う場合は黄みの入ったやわらかい白ではなくソリッドな純白、シルバーも色味を感じないクールな印象のものがふさわしく、マットなものより鏡面仕上げなどの光沢感の強いものが使われます。タイルも平滑で目地をシャープに仕上げるなど、全体に緊張感を持たせることがポイントです。

スタイリッシュでクールな印象が強いため、どちらかというと若年層の男性に好まれやすいのですが、モダン志向の人であればどの年代でもターゲットとなります。時代を象徴する一大トレンドとなったため、白×黒のハイコントラストタイプは現在やや下火ですが、高級邸宅ではこのスタイルは定番の一つとなっています。

現在のシンプルモダンは、高級邸宅ではミニマムなデザインに光沢感の強い石材、そこにコンクリート素材を加えたりラフな印象の仕上げを施す手法がよく見られます。一方、一般住宅ではナチュラル感を加えてアレンジする方向に変わってきています。例えば、白木や低彩度色のフローリングのナチュラル感のある空間にガラスや金属、白、黒といったクールな要素を加えて展開するという具合です。

シンプルモダンスタイルをつくる主な要素

カラー ……… 純白、黒、グレー、シルバー（無彩色）

素材 ………… 石、コンクリート、タイル、ガラス、ステンレス

デザイン …… 直線、ミニマム、コントラスト、シャープ、緊張感、光沢感

内装 ………… 白木や低彩度またはゼブラやウェンジのフローリング、濃色または純白の建具

アイテム …… 無彩色の直線的な家具や照明、ガラステーブル

図表5-18　コンテンポラリースタイル・シンプルモダンの生活空間①（旭化成ホームズ「ヘーベルハウス」）

低彩度のフローリングと白い壁をベースとしたシンプルな空間に、無彩色の家具や照明を入れてあっさりとまとめるのが今風のシンプルモダンのコーディネート。黒の分量はあくまで少量にとどめること、ファブリックでナチュラル感を添えることがポイント。

図表5-19　コンテンポラリースタイル・
シンプルモダンの生活空間②（積水ハウス）

ダークな床と白い壁のコントラストが特徴の、典型的なシンプルモダンスタイル。直線的な白いソファ、シルバーと黒のモダンなラウンジチェア、ガラスのテーブルなどを配し、クールでスタイリッシュな印象となっている。

12　諸説あるが、一般には1971〜74年ごろの第二次ベビーブーム時代に生まれた人々を指す。親世代に「団塊の世代」（P135参照）を
　　持つことが多く、その名が付けられた。

4.カジュアル

　ナチュラルな空間に、色やデザインでアクセントを付けたカジュアルスタイル。そのため、楽しい、若々しい、愉快、元気、ポップ、個性的といったイメージの空間となります。

　ポイントに色を使う場合は、ソファ、椅子、クッション、ラグなどのファブリック類やアート、小物など取り換えが効くものに取り入れると、飽きたときに簡単に取り換えられるので便利です。

　最近は、壁面の一面にだけ塗装や壁紙、シールなどでアクセントカラーや柄物を取り入れたり、ドアや建具の一部にブルーやグリーンのアクセントカラーを使うテクニックがよく見られます。簡単に色を変えにくい部位は、後から入ってくるものを想定したうえでトータルにコーディネートをする必要があります

が、好きな色を内装色に使うのは個性を表現するための手段として効果的で、チャレンジのしがいがあります。ベーシックなデザインの家具も、壁色を変えることでまた新鮮に見えてきます。

　カジュアルスタイルをリビングルームで展開するのが難しい場合は、子ども部屋で取り入れるのがポピュラーな方法です。この場合、赤、黄、緑、青といったビビッドな色からピンク、クリーム、水色などのパステルカラーまで、色の選択肢は豊富です。淡い色は比較的分量を多めに使えますが、ビビッドカラーを使う場合は少量にすることでセンスよくまとめられます。アクセントラグやクッションなどのファブリックは、どちらのトーンでもかわいらしくまとまります。子どもの情操教育のためにも、色を楽しむインテリアはぜひ取り入れてほしいところです。

カジュアルスタイルをつくる主な要素

カラー ……… 鮮やかな赤・黄・緑・青／淡いピンク・クリーム・水色
素材 ……… 木、コットン、プラスチック、金属
デザイン …… シンプルナチュラルなベースに、ポップな色やデザインでアクセント
内装 ……… 明るめのフローリング、白壁、アクセントウォール、アクセントカラーを使ったドア
アイテム …… アクセントカラーを使ったカジュアルなデザインの家具・ファブリック・小物、アート

図表5-20　コンテンポラリースタイル・カジュアルの生活空間① (パナソニック ハウジングソリューションズ)

白い壁、低彩度のフローリングというシンプルな空間の壁の一面に青を使った事例。赤や黄などの反対色を家具や小物で少量加え、アクセントカラー全体を色相配色(P45参照)とすることで、楽しさが表現される。色の分量を考慮することが成功のポイント。

図表5-21　コンテンポラリースタイル・カジュアルの生活空間②
(東京建物「BAYZ TOWER&GARDEN®」)

低彩度のフローリング、ライトグレーの壁というシンプルな空間に、反対色である黄色と青色をアクセントに加え、クールで若々しい印象を与えたカジュアルな空間。白を抜き色に使い、色相を絞り込むことで、すっきりとした空間となっている。

※協力会社:東京建物(株)、三井不動産レジデンシャル(株)、三菱地所レジデンス(株)、東急不動産(株)、住友不動産(株)、野村不動産(株)、東京電力(株)

5.ヴィンテージ&インダストリアル

　ヴィンテージ＆インダストリアルスタイルは、本来はカフェやショップなど商業施設で用いられていたインテリアだったものを、住宅に取り込んでトレンドとなったスタイルです。ヴィンテージとは、長い年月を経て古びたものの持つ味わいを生かしたインテリア。一方インダストリアルは、工場のようにコンクリートやモルタルの武骨な躯体をそのまま現しにした壁や天井、ダメージ感のある床材、裸電球や黒や真ちゅうのペンダントライトなどが典型的なメンズライクなインテリアです。

　キーとなるのが素材を生かすということ。具体的には、フローリングは板目の色幅が広いものやアンティーク調の仕上げが施されたもの、家具や建具にノコ目といわれるのこぎりの歯のような傷が付いたものなど、ダメージ感覚が重要です。また、使い込んだ皮革やデニムのような素材をソファの張地に使ったり、古びたレンガタイルをアクセント使いするのも典型的です。キーカラーは男性的な印象が強い黒です。

　このスタイルはもともと若年層の中でもマイスタイルにこだわる人向けのリノベーション物件から発生したものですが、そのニュアンスを取り入れたものとして癖を和らげた結果、若年層の特に男性に幅広く好まれるスタイルの一つとなっています。素材が持つ力に注目した新たなインテリアスタイルといえるでしょう。

ヴィンテージ＆インダストリアルスタイルをつくる主な要素

カラー ……… ブラウン、黒、青

素材 ………… 古木、コンクリート、モルタル、レンガ、皮革、デニム、鉄

デザイン …… 素材感、ダメージ感、メンズライク、リノベーション

内装 ………… ダメージ感のある床、暗色で色幅のあるフローリング、天井現し、レンガ壁、
　　　　　　　　ブラックサッシ、黒いドア

アイテム …… 皮革のソファ、ダメージ感のある家具や小物、裸電球、黒や真ちゅうのペンダントライト

図表5-22　コンテンポラリースタイル・ヴィンテージ＆インダストリアルの生活空間①（LIXIL）

暗色の色幅の大きいフローリング、天井は構造体の現し、壁の一面には古びたレンガタイル、ブラックサッシや黒いドアなど、ハードな素材で空間全体を構成する。革やデニム張りのソファ、黒い金属調の脚のテーブルなど、全体に男性的なイメージ表現がポイント。

図表5-23　コンテンポラリースタイル・ヴィンテージ＆インダストリアルの生活空間②
（パナソニック ホームズ「CASARTシェアデイズ」）

共働き・子育て家族に向けたインテリア。ヴィンテージやインダストリアルの特徴であるダメージ感を減らしながらも、キッチンや内装の一部に黒をアクセントに使うことでそのニュアンスを伝えている。質感を重視しながらきれいめに仕上げることで、汎用性の高いインテリアに仕上がっている。

Chapter **6**

第6章

マイスタイル実現の
ための基本ルール

―イメージスケールとコーディネートへの応用―

本章の目的：

イメージスケールを使った
コーディネート理論を学ぶ

　第5章では現在の代表的なインテリアスタイルについて紹介しましたが、最近は一つのスタイルでまとめるのはなく、自分の好きなものを編集して空間を構成するという動きが顕著です。ただ、個人レベルでは好きなものだけで構成してもよいのですが、プロのインテリアコーディネーターであれば、相手のニーズをくみ取りながらよりよい提案を行わなければなりません。他人から見ても真似をしたくなるような素敵なインテリアコーディネートに仕上げるためには、知っておきたいルールがあります。

　そこで第6章では「イメージスケール」を活用したインテリアコーディネートのルールを紹介します。イメージスケールはHUE&TONEと同様にNCDが開発し特許を取得したシステムで、現在は企画、商品開発、マーケティング、販促まで広く産業界で使われています。今やインテリアの一般的な用語である「ナチュラル」「モダン」「カジュアル」といった言葉も、イメージスケールの中で使われていたものが長い間に定着したものです。イメージスケールの詳細な説明はNCDのホームページや専門書を参照いただくこととし、本書ではイメージスケールの成り立ちと、インテリアコーディネートへの活用法について紹介します。

＊ イメージスケールの開発段階の詳細は、小林重順著・日本カラーデザイン研究所編・講談社刊『カラーシステム』を参照のこと。

Chapter 6 — 1 | イメージスケールの成り立ちと基本の3スケール

色の好き嫌いは人それぞれですが、色から受ける印象は万人に共通の感覚があります。その共通の感覚を心理学的な手法で調査し、その結果を基につくり出されたのがNCDの「イメージスケール」です。第1章で紹介したHUE&TONEシステムが「色の物理的なものさし」とすると、イメージスケールは「色の心理的なものさし」といえます。ここでは単色、配色、言語という基本的な3つのイメージスケールと、各スケールがどのようにつくられたかを簡単に紹介します。

1.単色イメージスケール

単色のイメージスケール（別名カラーイメージスケール）は、HUE&TONEシステムの130色のすべての色について、各色から受ける印象をSD法で調査し、その結果を因子分析することによってつくり出されたシステムです。簡単にいうと、ある色から受けるイメージを一定のものさしの中で表したもの、ということになります。

SD法（semantic differential method）とは、図表6-1のように形容詞の対語（「あたたかい－つめたい」など反対の概念の言葉）を用意し、調査対象者が色から受ける印象を段階的に評価するというものです。また、一見バラバラな調査結果（多数の変数）の中から共通の動きをしているものを見出し、より少ない次元で説明できるようにする分析方法を因子分析といいます。因子分析から導き出された主要軸は次ページの3つです（図表6-2）。

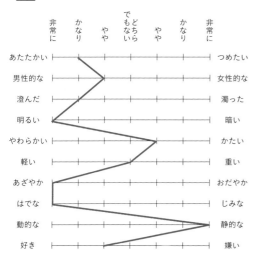

図表6-1　SD法の事例

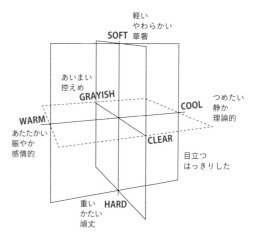

©2018(株)日本カラーデザイン研究所

図表6-2　イメージスケールの立体モデル

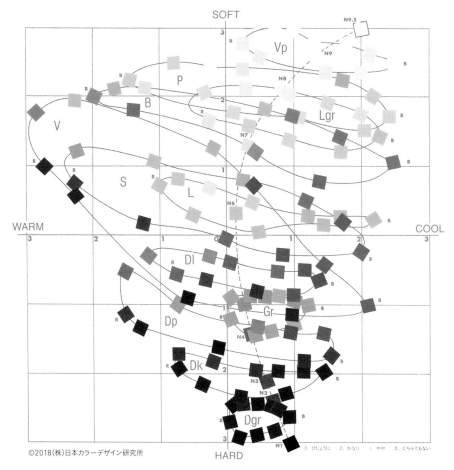

図表6-3　単色イメージスケール

HUE&TONE130色のすべての色がプロットされているが、単色イメージスケールではイメージ空間の全面には広がらないことが分かる。この出現しない空間を埋めるために、後述の配色イメージスケールが開発された。

① WARM-COOL軸（あたたかい－つめたい）
　色相に関与する軸
② SOFT-HARD軸（やわらかい－かたい）
　トーンの中で明度に関与する軸
③ CLEAR-GRAYISH軸（澄んだ－濁った）
　トーンの中で彩度に関与する軸

この3軸はマンセル表色系の色の3属性とも近く、その重要性が再認識されました。

ただし、3次元での取り扱いが難しいことから、通常は第1軸のWARM-COOL軸と第2軸のSOFT-HARD軸を使って色を表現しています。

図表6-3の単色イメージスケールの見方を説明します。イメージ空間に整理された有彩色120色は、トーンごとに色相Rから色相環順にその位置をつないでいくとイメージの軌跡が描かれ、無彩色10色はソフトからハードまでクールゾーンの平面上に弧状に位置付けられています。

スケール上で近い位置にある色同士はイメージが似ており、離れているものはイメージが異なることを意味します。スケールの中心部には濁色の穏やかな色が、周辺部には清色

のはっきりとした色が位置します。中央の0ポイントを基準にして、外側に向かうにしたがい「WARM」「COOL」「SOFT」「HARD」のいずれかのイメージの度合いが「1.やや」、「2.かなり」、「3.非常に」と段階的に強まるようになっています。

Vトーンのような高彩度色は色相の変化とともに位置するイメージ空間が大きく変化しますが、GrトーンやDgrトーンのような低彩度色は、色相によるイメージの違いは小さく、むしろトーンそのものが与える影響が大きいことが分かります。

VトーンとSトーンの軌跡を見ると、色相RPからYはウォームゾーンにあるため暖色系、GからPBはクールゾーンにあることから寒色系、GYやPはほぼスケールの中心に位置し、あたたかくもつめたくもない中性色であることが分かります。GYとPは平面上では近い位置にありますが、同じトーンでもGYは清色的、Pは濁色的と感じられやすいため、実際には第3軸のCLEAR-GRAYISH軸で手前側と奥側に分化しています。

この単色イメージスケールは、後述するすべてのイメージスケールの基となるものです。

2.配色イメージスケールと 言語イメージスケール

図表6-3の単色イメージスケールをもう一度見てみると、左下のウォームでハードな位置や、右下のクールでハードな位置には色が出現していません。それは、例えば赤よりエ

ンジの方がハードな印象（縦軸でハード寄り）ですが、同時に派手さがなくなりウォーム感が減ってしまう（横軸でクール寄り）ためです。

そこで、今度は調査対象者にコンセプトとなる形容詞（「やすらいだ」「さわやかな」「はつらつとした」など）を与え、各形容詞を3色配色に置き換えてもらうという色彩投影法による調査を行いました。つくられた配色は人によってまちまちですが、使われた色の色相やトーン、配色テクニックにはある共通点を見出すことができます。色から言葉へ、言葉から色へというように相互の関係を整理し、多くのサンプルによる試行錯誤を経て、「配色イメージスケール」の基礎ができました。

単色と同様の2軸上に配色がプロットされた3色配色のイメージスケール（図表6-4）を見ると、単色では表現できなかったイメージも表せるようになり、スケール全体に広がっていることが分かります。また、複数の色を組み合わせることで、単色よりも複雑で繊細なイメージの違いを表現することができるようになりました。配色と形容詞がセットで配置されているため、例えばある商品のコンセプトが決まればその形容詞を基にどんな配色がふさわしいのかが一目瞭然で分かります。

配色イメージスケールでは同じようなイメージの言葉をグルーピングし、現在はプリティ、カジュアル、ダイナミック、ロマンチック、ナチュラル、エレガント、ゴージャス、クラシック、シック、ダンディ、クリア、クール・カジュアル、モダンの基本13イメージに、ワイルド、クラシック＆ダンディ、フォーマルを加え

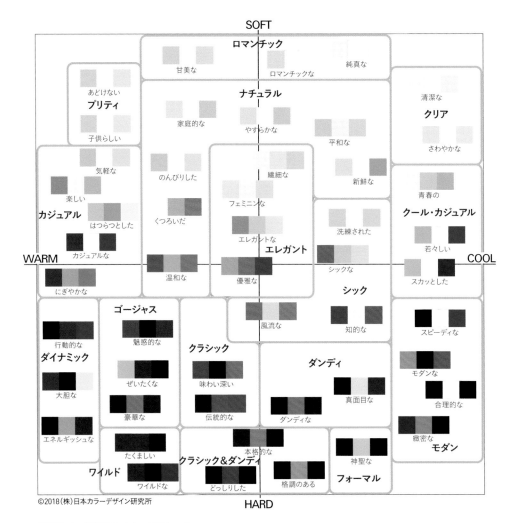

SOFT

ロマンチック
甘美な
ロマンチックな
純真な

プリティ
あどけない
子供らしい

ナチュラル
家庭的な
やすらかな
平和な

クリア
清潔な
さわやかな

カジュアル
気軽な
楽しい
はつらつとした
カジュアルな

のんびりした
くつろいだ
フェミニンな
繊細な
新鮮な

クール・カジュアル
青春の
若々しい

WARM
にぎやかな
温和な
エレガントな
エレガント
優雅な
洗練された
シックな
知的な
風流な
COOL
スカッとした

シック

ゴージャス
魅惑的な
ぜいたくな

ダイナミック
行動的な
大胆な
エネルギッシュな

クラシック
味わい深い
伝統的な

ダンディ
真面目な
ダンディな

スピーディな
モダンな
合理的な
緻密な
モダン

豪華な
たくましい

ワイルド
ワイルドな

クラシック&ダンディ
本格的な
どっしりした
格調のある
神聖な

フォーマル

HARD

©2018(株)日本カラーデザイン研究所

図表6-4　3色配色イメージスケール

単色イメージスケールと同じスケール上に3色の配色をプロットすると、単色では出現しなかった位置（ウォームでハード、クールでハード）にも色が出現している。配色のほうが単色よりも複雑で繊細なイメージの違いを表現できることが分かる。左3分の1は「はなやか」なイメージ、中央は「おだやか」なイメージ、右3分の1は「さわやか」なイメージの配色が広がっている。また中央部は濁色を使った配色が、周辺部は清色を使った配色が分布している。

た全16イメージでゾーニングされています。

言語イメージスケールは単色のイメージ評価に対して因子分析を行った際、抽出された軸とSD語（調査時に使用した形容詞や形容動詞）との関連（SD語の軸上の位置を示す得点）も算出

されたため、その数値を基に2軸上にSD語をプロットし、原型がつくられました。また、配色イメージスケール上の配色と同じ位置に、その基となる形容詞をセットで置いていきました。これらの段階を踏み、時代によっ

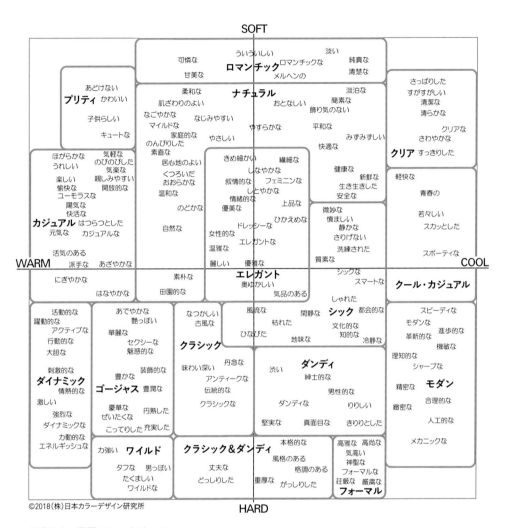

©2018（株）日本カラーデザイン研究所

図表6-5　言語イメージスケール

単色イメージスケールでVトーンの赤がある位置に、言語イメージスケールでは「元気な」「快活な」などの言葉がある。これは、ビビッドな赤に対して私たちが「元気」「快活」といったイメージを持ちやすいということを意味する。このように、単色・配色含めたカラーイメージスケールと言語イメージスケールは互いに等価性のある仕組みということができる。

て修正を加えながら、最終的に現在の言語スケールが完成しました。

　言語イメージスケールは実際には350語のデータベースを持っていますが、180語をスケール上にプロットしたものが現在オープンにされています（図表6-5）。

　このように、イメージスケールは色と言葉に等価性のある仕組みとして完成しました。

色から言葉へ、言葉からデザイン要素へ

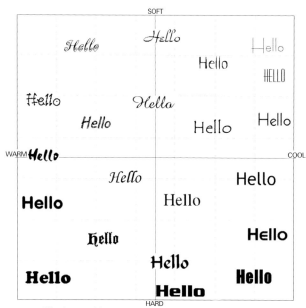

©2018(株)日本カラーデザイン研究所

図表6-6　フォント(形)のイメージスケール

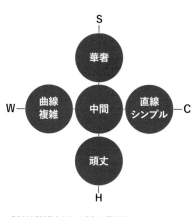

©2018(株)日本カラーデザイン研究所

図表6-7　形の見方

　イメージスケールは言語と色、配色が同じ尺度上でプロットできるシステムです。言葉を媒介として色だけでなくさまざまなデザイン要素を整理分類し、それらを総合して"もの、ひと、こと"を同じスケールの軸を使って整理できるシステムとしてさらに発展していきました。ここでは特にインテリアに関連のある「形」「柄」「素材」のイメージスケールと、それらをミックスした「総合的視点」によるインテリアアイテムやスタイルのイメージスケールを紹介します。

1.形

　図表6-6は「Hello」という言葉をさまざまな形のフォントで表現し、イメージスケールに載せたものです。図表6-7の形の見方を参考に見ていくと、曲線的だったり複雑なデザインのフォントはウォーム寄り、直線的だったりシンプルなデザインのフォントはクール寄り、華奢なもの(点、細いもの、小さいものなどを含む)はソフト寄り、頑丈なもの(面、太いもの、大きいものを含む)はハード寄り、そして中間的なフォントがスケールの中心部に分布していくことが分かります。

　このように、同じ言葉でもフォント(形)が変わるとイメージが異なってくるため、ブランディングの際など、フォントのデザインはイメージ戦略上とても重要であることが分かります。インテリアの場合は、椅子や照明器具の形を見る際にこの視点が役に立ちます。

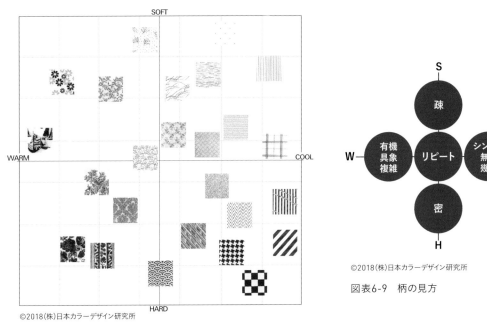

©2018(株)日本カラーデザイン研究所

図表6-8　柄のイメージスケール

©2018(株)日本カラーデザイン研究所

図表6-9　柄の見方

2.柄

　図表6-8は一般的な柄を白黒にし、色の要素をなくしてイメージスケールに載せたものです。図表6-9の柄の見方を参考にしながら見ていくと、有機的、具象的、複雑な柄はウォーム寄り、シンプル、無機的、幾何的な柄はクール寄りに位置します。柄の疎密感でいうと、白場が多く柄が小さく飛んでいるようなものはソフト寄り、柄が密に詰まったものはハード寄り、リピート柄や小紋調は中心部に分布していることが分かります。ファッショ

ン、インテリアのテキスタイルをデザインしたり選んだりする際は、この柄の分類と色を合わせて総合的に判断していくことになります。

　柄の嗜好は人の好みを見分けるうえでとても重要です。男性の場合は、身に着けているネクタイに注目すると分かりやすいでしょう。レジメンタルタイ[1]などのコントラストが強いものをしている人は、モダンさやカジュアルさなどメリハリの効いた感覚に引かれ、小紋調のデリケートな柄を身に着けている人は、シックさやナチュラルさなどの穏やかな感覚に引かれる傾向にあります。女性の場合は、華

---

1 レジメンタル・ストライプ（斜め縞）柄のネクタイ。レジメント（regiment）は「連隊」の意味で、16世紀の英国連隊旗の配色に由来する。

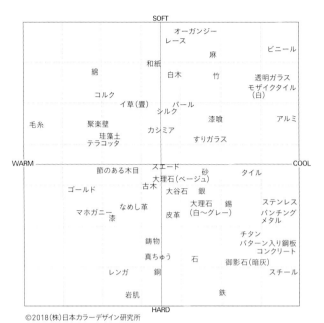

©2018(株)日本カラーデザイン研究所

図表6-10　素材のイメージスケール

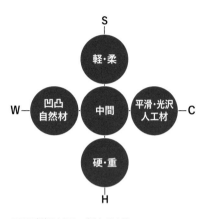

©2018(株)日本カラーデザイン研究所

図表6-11　素材の見方

やかな印象の花柄を好む人とボーダーなどの
シンプルな柄を好む人では、目指すインテリ
アは大きく異なります。前者であればドレー
プたっぷりのカーテンや装飾的なタッセル、
エレガントなインテリアなどの提案ができます
が、後者であればシンプルなロールスクリー
ンや、シンプルモダン、カジュアルなインテリ
アなどが好まれる可能性が高くなります。人
の装いや持ち物の観察を丹念にすることは、
インテリアコーディネートの際の大きなヒン
トとなります。

3.素材

　図表6-10はインテリアや建築の分野でよく
使われる素材をイメージスケールに載せたも
のです。図表6-11を参考にしながら見ていく
と、自然素材や凹凸のある素材はウォーム寄
り、人工材や平滑なもの、光沢感の強い素材
はクール寄り、重量が軽いものややわらかい
素材はソフト寄り、重いものや硬い素材はハ
ード寄り、その中間的なものは中心部に分布
していることが分かります。皮革、タイルな
どテクスチャーにバリエーションがある素材
については、その中でさらに細分化してイメ
ージを見ていく必要があります。

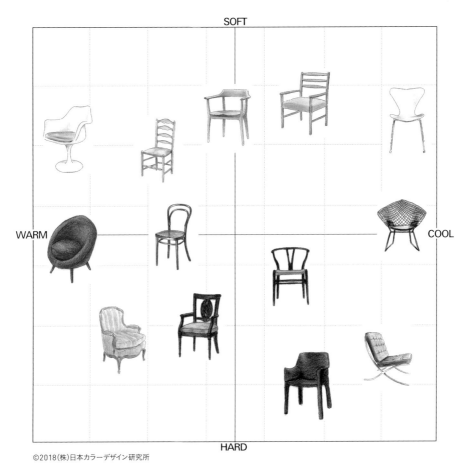

SOFT

WARM

COOL

HARD

図表6-12　椅子のイメージスケール

4.総合的視点

　基本的なイメージスケールである色に、これまで見てきた形、柄、素材の各要素をミックスしていくと、具体的な"もの"になります。

　図表6-12はものの一例として椅子をイメージスケールに載せたものです。ウォームでソフトなゾーンにはカジュアルな色使いで形が個性的な椅子、ソフトゾーンの中央には木を使ったナチュラルな印象の椅子、クールでソフトなゾーンにはワイヤー製や白く軽い椅子、ウォームでハードなゾーンには様式性が高く装飾的な椅子、クールでハードなゾーンには直線基調のデザインでダークな色の皮革を使った椅子がポジショニングされています。

　これにより空間のコンセプトに沿って椅子をコーディネートする際の方向性が分かります。椅子だけでなくほかの家具類や照明器具、雑貨なども同様に整理することが可能です。

　図表6-13は第5章で紹介した12のインテリ

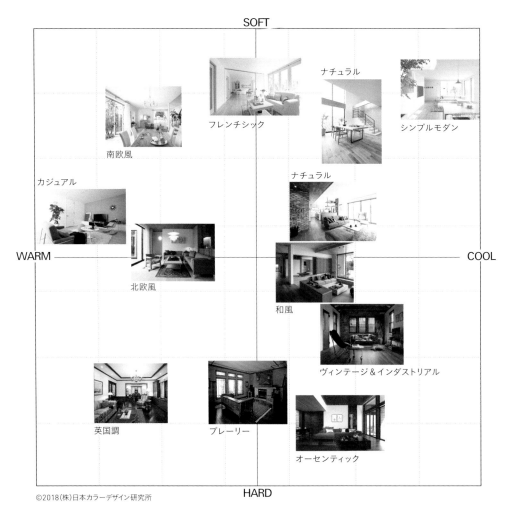

SOFT

ナチュラル

フレンチシック

シンプルモダン

南欧風

カジュアル

ナチュラル

WARM ─────────────────────── COOL

北欧風

和風

ヴィンテージ＆インダストリアル

英国調　　　プレーリー

オーセンティック

HARD

©2018(株)日本カラーデザイン研究所

図表6-13　インテリア空間(リビングルーム)のイメージスケール

全体の色調が明るいものはソフト、暗いものはハード、装飾的な要素が強いものはウォーム、シンプルな要素が
強いものはクールにポジショニングされていることが分かる。

アスタイルの代表的な事例を、空間全体の色調、使われている内装の素材感、家具のデザインなどを総合判断してイメージスケールに載せたものです。誰から見ても分かりやすいインテリアコーディネートは、すべての要素に一貫性があるため、イメージスケール上で整理しやすいのです。インテリア空間ではさまざまなアイテムを一緒にコーディネートしていきますが、同じイメージゾーンにある色、形、柄、素材を選べばまとまりやすいうえに、目指すスタイルをつくりやすくなります。

このようにイメージスケールは、元は色と言葉の等価性を利用したカラーコーディネートツールだったものがアイテムにまで広がったことで、イメージコーディネートツールとして活用することが可能になりました。実際にインテリアコーディネートを行う際はこれまで紹介してきたさまざまなイメージスケールを参考に各要素を選ぶとよいでしょう。次節でその具体的な方法を紹介します。

Chapter 6 — 3 | ワンイメージコーディネートとマルチイメージコーディネート

イメージスケールは、比較分析（自社と競合他社の比較、年代別比較、男女比較、ターゲット別比較など）、時系列分析（同じアイテムを年代ごとに経年で分析する）など、マーケティングツールとして活用することができますが、ここではコーディネートツールとしての使い方に限定して紹介します。

コーディネートツールとしての使い方は、一般的に次の2種類に分けることができます。イメージスケールのほぼ同じ位置のものをつないでコーディネートする「ワンイメージコーディネート」と、異なる位置にあるものをミックスしていく「マルチイメージコーディネート」です。

1.ワンイメージコーディネート

ワンイメージコーディネートとは、イメージスケール上の同じような位置にあるものを組み合わせるコーディネートです（図表6-14）。ベーシックなコーディネートなため、誰からも分かりやすくイメージが伝わりやすいほか、飽きがきにくく時代を超えて人気になりやすいという特徴があります。逆の見方をすると、平凡で当たり前なので、新規性や新鮮味を出しにくいというデメリットもあります。住宅インテリアは比較的長期間使うことや、個人の趣味より家族全体のコンセンサスが必要であることなどから、この考え方が重要かつ基本であることは変わりません。

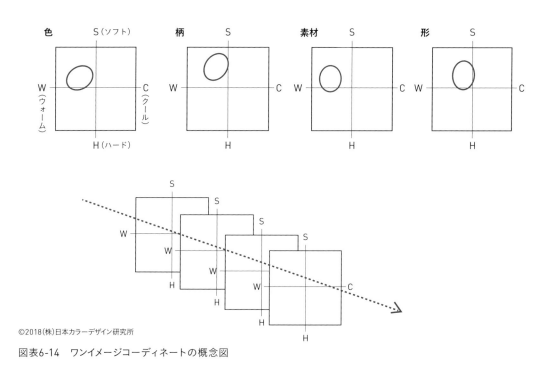

図表6-14　ワンイメージコーディネートの概念図

2.マルチイメージコーディネート

マルチイメージコーディネートとは、イメージスケール上の異なる位置にあるものをミックスするコーディネートです(図表6-15)。これまで見たことのないようなコーディネートになりやすく、新鮮さを感じやすい、面白いというメリットがありますが、失敗すると好き嫌いが出やすく、飽きがきやすいというデメリットもあります。

コーディネートという概念がない時代には、マルチイメージはセンスの悪い組み合わせのことを指していました。しかし、トレンド性を要求されるファッション分野では、わざと外したり、ミックスしたりと普通に見られる手法です。インテリアの世界もファッションと同様に、平凡なコーディネートから一歩進んだミックスコーディネートが求められるようになっていますが、意図して外すことができるのはワンイメージコーディネートという概念を理解できていることが前提となります。

3.マルチイメージコーディネートを成功させる方法

2種類のイメージコーディネートを理解したうえで、異なるイメージをミックスさせるマルチイメージコーディネートについてもう少し詳しく見ていきましょう。ワンイメージコーディネートに比べてやや高度な手法では

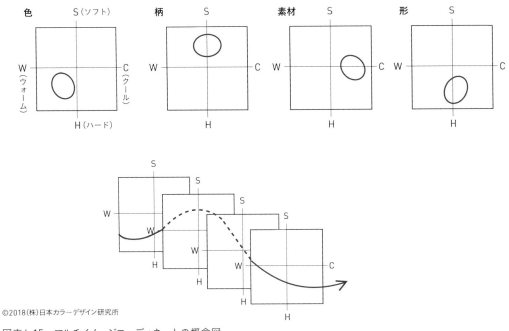

図表6-15　マルチイメージコーディネートの概念図

ありますが、成功すればインテリア空間に新しさやセンスのよさを加えることができます。

❶ 色、素材、形のうち一つ以上を揃える

ワンイメージコーディネートを基本に、色、素材、形などの要素の一つをあえてずらしてコーディネートすれば、基調はできているので問題ありません。簡単に言うと、色、素材、形の要素のどれか一つを必ず揃えることです。ただし、この中でも色に関してはなるべく同じ色系統で揃えることを推奨します。例えば、形や素材がともにバラバラでも同じ色でコーディネートしていれば、違和感は比較的少ないはずです。視覚情報のうち色が最も人の印象に与える影響が強いので、まずはカラーを統一することが第一歩です。

素材のバリエーションを増やしたい場合は、形の要素を共通させるという方法があります。例えばガラスのテーブルとウッドの椅子という異なる素材の組み合わせをする場合、丸みのあるデザインで統一する、あるいはどちらも直線基調のデザインにするというように、デザインの方向性を揃えます。

逆に形状がバラバラな場合は、同じ素材で統一するとすっきりと見せることができます。

いずれにしても、一つの要素を軸にして、そこからコーディネートを組み立てていくことが大切です。

❷ スタイルミックスの比率は7：3以上

一つのスタイルで統一せずに複数のスタイルをミックスする場合は、各スタイルの要素の分量が半々ではどっちつかずの空間になってしまいます。そのため、主になるスタイルとアクセントとするスタイルを7：3、8：2、9：1というように主従を付けることが必須条件です。3つ以上のスタイルをミックスすることは分かりにくいので、2つまでにとどめることをおすすめします。

❸ 空間のコンセプトを決める

空間のコンセプトを決めて、その中で異なるイメージを組み合わせるという方法もあります。コンセプトというと分かりにくければ、狙いやテーマと置き換えてみましょう。

例えば「バリ島のリゾートホテルのようなイメージ」や「大好きな海とサーフボードが似合うインテリア」というように具体的なイメージを決めて、そのイメージを表現するために必要な要素をチェックしたうえでコーディネートを考えていくというものです。

キーワード、キーカラー、キーアイテムを具体的に明示してストーリーをつくっていく方法なので、単なるコーディネートというより、どんな暮らし方がしたいのかというライフスタイルを考えることにつながっていきます。現在のインテリアは様式性がなくなり、シンプル基調でナチュラルな空間が大多数を占めるようになったため、このライフスタイル提案は、若年層の心をくすぐる方法としてぜひ覚えておきたいものです。

Chapter

7

第7章

インテリアトレンドの変遷

―時代動向とインテリアの関係を探る―

本章の目的：

日本のインテリアトレンドの変遷をつかみ今後のインテリアを考える

　国民的アニメ「サザエさん」の家のように、畳に置かれたちゃぶ台を大家族が囲むという和式の生活が当たり前だったかつての日本の家。その後、高度経済成長期の核家族化と相まって、台所と食事室を結び付けたダイニングキッチン、食寝分離、公的な部屋と私的な部屋の分離、nLDKという間取りパターン、そして椅子座の生活の定着と、その様式が変化してきました。

　「インテリアコーディネート」について長い歴史を誇るヨーロッパに対し、日本でその概念が本格的になったのは1983年にインテリアコーディネーター制度が始まったころからなので、現在までの期間はわずか40年ほどに過ぎません。しかしこの短い期間でも、ファッションのような短期的なトレンドではないものの、日本のインテリアにも確実にスタイルの変遷がありました。時代の気分や人の心のありようが、中長期的なインテリアトレンドとして反映されています。

　そこで最終章では、インテリアコーディネーター制度が始まった1980年代から現在に至るまで時代の潮流がどのようにインテリア空間に影響を与えてきたのか、そして色、デザインや暮らし方がどう変化していったのかをまとめました。時代の動向とインテリアトレンドとの関係を探ることが、結果として今後のインテリアのあり方を考えるヒントになるはずです。

年代	インテリアトレンド	住宅業界の動き	主な社会動向
1970	・海外製品の輸入と模倣	・主要ハウスメーカー設立	
1980	・高彩度の柄、アースカラー流行		・オイルショック
	・デリケートな色柄の流行 ・和風から洋風へ	・企画住宅の増加 ・インテリアコーディネーター制度開始 ・洋風住宅	・軽薄短小時代
1985	・ゴージャスなインテリア ・イタリアモダン	・高級住宅	・プラザ合意 ・バブル景気 ・モノトーンブーム
1990	・ナチュラルスタイル全盛期 ・和洋折衷的な空間	・低彩度のオーソドックスな寄棟スタイル	・バブル経済崩壊から長い不況へ
1995	・ナチュラル空間＋カジュアル要素 ・南欧風スタイル	・南欧風スタイルの外観 ・ガーデニングブーム	・阪神・淡路大震災 ・iMac G3発売 　プロダクトの色戻り
2000	・シンプルモダン全盛期 ・純白色が登場 ・白×黒のハイコントラスト	・キューブ型の都市型モダン住宅	・ブラウン管TVから薄型TVへ
2005	・ナチュラルスタイル揺り戻し ・オーセンティック	・環境共生型住宅	・構造計算書偽造問題 ・エコ、ロハス流行 ・リーマン・ショック
2010	・シンプル化 ・フローリングがグレイッシュに	・機能性の追求 ・スマートハウス	・東日本大震災
2015	・スタイルの多様化 ・ヴィンテージスタイル	・ターゲットの2極化 ・富裕層向け高級住宅 ・リノベーション	・アベノミクスによる経済の活性化
2020	・中間領域への注目 ・在宅ワークスタイル	・住宅のマルチプレイス化 ・若年層向け住宅のネット販売 ・平屋住宅	・新型コロナウイルス感染症パンデミック

図表7-1　日本のインテリアトレンドの動向

1980年以前
模倣から高彩度の柄表現へ

　1970年代以前の日本のインテリアは、海外製品の輸入とコピーによってつくられた、いわば「模倣の時代」でした。大邸宅や一部店舗では西洋の伝統様式や色がそのまま取り入れられましたが、一般の戸建住宅やマンションでは木質材料とペイントが主体でした。

　1970年代に入ると、西洋の伝統的な花柄やボーダー柄にオリジナリティーを加えた新しい柄が生まれ、新たにチェックやストライプなどの単純な幾何柄も登場しました。サイケデリックカラー[1]の流行もあり、1970年代の後半までは柄を強調するために派手な色が使われる傾向が続きました。また、クッションフロア[2]の登場によって、タイル柄を模した床材が流行します。

　一方、1973年に起こった第一次オイルショック後のアースカラー[3]の流行がインテリアにも影響を及ぼし、コルク、石、レンガなどの自然モチーフの登場と相まって、ナチュラルなインテリアの源となったのです。

---

1 サイケデリックとは「麻薬的」「幻覚的」の意味。サイケデリックカラーとは薬物による幻覚症状の中で見られるような、黄、紫、ピンク、黄緑などの蛍光色調の極彩色のこと。ヒッピー族やロックミュージシャンから始まり、一般ファッションにまで派手なサイケルックが浸透した。

2 発泡層のある大きなシート状の塩化ビニル系の床材。クッション性に優れ、表面加工が容易で、木目調やタイル調などさまざまな柄が表現可能。

3 大地や樹木など自然を連想させる色。濃いブラウン系のバリエーションのほか、カーキやオリーブなどのくすんだイエロー系やグリーン系も含まれる。ベージュ系を中心としたナチュラルカラーとともに、公害問題などをはじめとした自然志向意識の高まりに伴い流行した。

4 重厚さやボリュームのあるものが尊重された高度経済成長期から転換して「より軽く・より薄く・より短く・より小さく」を志向するようになった時代。

5 日本において、第二次世界大戦の終結直後の第一次ベビーブームが起きた時期（1947〜49年）に生まれた世代を指す。その名称は堺屋太一の小説『団塊の世代』に由来し、国内の総人口に占めるボリュームの大きさから社会への影響も大きいといわれている。

6 施主の注文に応じて自由に設計する注文住宅に対し、あらかじめメーカー側が外観や間取り、設備などの仕様をいくつかに絞って販売する住宅。自由度が下がるがコストも下げられる利点がある。企画型住宅、規格型住宅ともいう。

7 建物の外壁に羽目板や下見板（横板を下部から数cmずつ重なり合うように取り付けた板）などを張る仕上げ。今日では、製品化されたセメント系や金属系の外壁材を指すことが多い。

8 屋根の傾斜面に設けられた窓。

9 建物、建具や家具の部材の納まり部分を強調したり、滑らかにするために加える帯状の装飾。時代や様式によってさまざまな形状がある。

1980年代前半
和風から洋風へ

　1980年代に入ると軽薄短小時代[4]を迎え、インテリアもこれまでの高彩度色やアースカラーから一転し、パステルカラーをはじめとしたデリケートな色が使われるようになりました。柄も大柄から小柄へと変化し、パターンで訴求するよりも繊細なコーディネートに視点が移ります。

　ちょうど団塊世代[5]が初めて家を建てる時期と重なったことから、大手ハウスメーカーの企画住宅[6]が増加し、影響を強めていった時期でもありました。それまでの単なる加飾から、インテリアをコーディネートして販売する流れが生まれ、1983年にインテリアコーディネーター制度が始まります。

　これまでの和風の家から洋風の家に大きくチェンジした時代でもあり、白い板張りのサイディング[7]、ドーマーウインドウ[8]のある家など、憧れの欧米の住宅外観を取り入れた商品が続々と発表されていきます。エクステリア、インテリアともに清色的な雰囲気が強い時代でもありました。

図表7-2　1980年代前半の洋風住宅の典型的な外観
（三井ホーム「チューダーヒルズ」）

色味のある塗壁に白いモールディング[9]、レンガ調のアクセントタイル、煙突などの要素が見られる。このほかにもドーマー、横張りのサイディング材などを使った外観が多く見られた。写真は伝統的なかつてのチューダースタイルを復刻したもの。

図表7-3　1980年代前半の洋風住宅の典型に近いインテリア（三井ホーム「チューダーヒルズ」）

当時のインテリアは、暖炉のある暗めの茶系のフローリングの空間に装飾的なカーテン、洋風クラシック家具を用いた重厚なイメージの本格洋風が主流だった。写真はその要素を現代風にややソフトにアレンジしたもの。

1980年代後半
低彩度化と高級志向

1980年代の後半になると、洋風化した住宅の中で、さらにセンスのよい洗練されたインテリアが求められるようになりました。色はパステル調の清色から、黒い家具やグレーのファブリックなどを用いたモノトーンへと変化していきます。この時代はインテリアだけでなく、さまざまな分野で低彩度化と質感を重視する傾向が顕著に見られました。

この時期、日本経済はバブル景気[10]に突入します。バブル期には2つの特徴的なインテリアスタイルが見られます。

その一つが高級感を訴求しやすいゴージャスなインテリア。色はエンジ、ワイン、パープル、黒などのハードな色、アイテムは装飾的なクラシック柄のカーテン、ペルシャ絨毯、赤茶のクラシック家具、ゴールド色の豪華なシャンデリアなどが典型的で、全体的に色が濃厚で装飾性が高いことがポイントです。誰が見ても分かりやすい高級感が求められたといえます。当時のJAPANTEX[11]では濃色の凝ったジャカード織のカーテンが一斉に陳列されていた光景が思い出されます。

もう一つが、モノトーンを中心とするモダンなインテリアです。代表的なものは黒い皮革やシルバー色をアクセントとしたイタリアモダン家具をシンボリックに使った空間。バブル時代のゴルフ場やホテルではイタリア有名ブランドの家具が使われ、それを見てインテリアを学ぶ時代でもあったのです。現在ABC（アルフレックス[12]、B&B Italia[13]、カッシーナ[14]）とまとめて呼ばれることもある人気のイタリアブランドは、このころに認知度を広げていったと思われます。

ただしこの時代のモダンスタイルは現在のスタイリッシュなモダンに比べてデザインに広がりがあり、ポストモダンの代表として有名なメンフィスデザイン[15]の影響を受けたカジュアルモダンや、白黒でアール・デコ[16]調の様式性のあるものも見られました。

いずれにしても、装飾的でクラシックなデザインとモノトーン基調のモダンなデザイン、この2つのスタイルが高級感を表現するものとしてこの時代の代表的なインテリアとなったのです。

---

10 経済が実力以上に泡（バブル）のようにふくらんだ状態。1986年12月から91年2月までの51カ月間に日本で起こった資産価格の上昇と好景気、およびそれに付随して起こった社会現象とされる。

11 日本インテリアファブリックス協会が主催する、ウインドウトリートメント、フロアカバリング、ウォールカバリングなどのインテリアファブリックスを中心としたインテリア製品の展示会。

12 1951年に創業したイタリアの高級家具ブランド。日本法人の「アルフレックスジャパン」は本国から日本での販売権と日本オリジナルデザインの製造権を得て1969年に創業された。代表作に「マレンコ」等。

13 1966年に創業したイタリアのモダン家具ブランド。代表作に「チャールズ」等。

14 1927年に創業したイタリアのモダン家具ブランド。代表作に「スーパーレジェーラ」「LC」等。前述のアルフレックス、B&B Italiaとともに頭文字から「イタリア高級家具のABC」と呼ばれる。

15 イタリアのエットレ・ソットサスを中心に若手デザイナーや建築家によって結成された前衛的なデザイナー集団をメンフィスといい、彼らの生み出す鮮やかな色彩やうねるような形状のデザインのこと。日本からは磯崎新、倉俣史朗などが参加した。

16 1920年代のフランスで生まれ、ヨーロッパやアメリカで流行した装飾的な様式。直線や円弧などを用いた幾何学柄が特徴。

図表7-4　1980年代後半の豪華な洋風クラシックスタイルを思わせる空間（アスワン「AUTHENSE」）

ドレープたっぷりの濃色柄物カーテンとペルシャ絨毯が使われた本格的な洋風クラシックスタイルの空間。写真はバブル期より新しいものだが、高級感のある当時のインテリアを彷彿とさせる。

図表7-5　1980年代後半のモノトーンを中心とするモダンな空間
（出典：『家具が主役のインテリア』発行：トーソー出版　撮影：木戸明）

イタリアモダン家具の代表格であるカッシーナの黒いソファを使い、全体をモノトーンでまとめた空間。
このようなモダンなイメージの空間が、バブル期のインテリアではよく見られた。

1990年代前半
ナチュラル全盛時代

1990年代に入り、バブル経済の崩壊とともに、インテリアはこれまでの高級志向から一転して肩の力が抜けたリラックス感あふれるナチュラルスタイル全盛の時代に入りました。この動きは、1980年代後半から意識され始めたエコロジーの思想ともリンクしています。その後続く長い不況と1995年に起こった阪神・淡路大震災の影響で、デザインより機能や性能を重視した住宅がつくられる傾向が続き、インテリアもその影響を受けることになったのです。

住宅外観はグレーやベージュの低彩度色のオーソドックスな寄棟[17]で、ブラックサッシで高級感を訴求するスタイルが主流でした。このスタイルの流行は、この時期がプレハブ住宅[18]誕生から三十数年が経過したころで、和洋折衷の外観が日本の住宅の様式として定着したことと、既存の街並みにも調和する保守的なデザインが、バブル期に高騰した住宅価格を反映して比較的高額な商品を買いやすい年配層に支持されたためといわれています。80年代後半から見られたインテリアの低彩度化に続き、外観の低彩度化が顕著に現れた時代だったといえます。

一方インテリアは、木目のベーシックなトーンであるLトーンからDlトーンにかけての明るめのフローリングが大半を占め、黄みの入ったアイボリーの壁、明るい木目の家具が主流でした。当時の木の表現は、1枚の板の中で均一な色として仕上げられていること、色相的にはやや黄みがかったものが多かったことが特徴です。また、椅子座のリビング空間の脇に和室がつながる和洋折衷的な空間も多く見られました。

そして、低彩度化とナチュラル化によって、質感を重視する動きがさらに高まります。例えば、壁紙のテクスチャーは織物シボ[19]、石目シボ、紙シボというように、色や柄ではなく質感での差別化が図られるようになりました。また、ウォッシャブル、耐光、遮光、防汚、消臭といった機能性が話題になる時代でもありました。

---

17 建築物の屋根形式の一つで、4方向に傾斜する屋根面を持つもの。一般住居の和風・洋風建物に用いられる。
18 屋根、壁、床などの部材を工場でつくっておき、それを現場に運んで組み立てる構法による住宅。
19 表面処理の一つで、細かいシワや凸凹を付ける加工のこと。

図表7-6　1990年代前半の典型的な住宅の
外観（積水ハウス「グルニエEX」）

横長シルエットで、低彩度色を使った和洋折衷の
寄棟の外観。街並みとの調和が意識されている。
実際の発売は1986年だが、外観から受ける高級
感と安心感で、当時の人気商品となった。この
外観スタイルは和洋折衷の寄棟スタイルの定番と
して広がり、現在に至っている。

図表7-7　1990年代前半の和洋折衷のナチュラルスタイルの流れをくむインテリア（積水ハウス）

明るい木の色を生かした直線基調のすっきりとしたデザインで、リビング空間の奥に畳が敷かれ、ドアではなく縁のない太鼓襖が仕
切りとして使われている。写真は1990年代後半のものでよりすっきりとした印象が強いが、このようなナチュラル感と和感覚がミック
スされたスタイルは幅広い年代に支持され、インテリアの嗜好調査でも必ず上位に入っていた。

Chapter 7 — 5 | 1990年代後半 ナチュラル＋カジュアル

　長く続いた白木調のナチュラルな空間の人気は1990年代後半に入っても続きましたが、そこに雑貨を加えて新鮮みを出すのが当時のインテリアのトレンドとなりました。きっかけの一つがアップルコンピュータ（現アップル）から透明感のあるカラフルな多色展開のパソコン（iMac G3）が出されたことで、カラーが再び注目される時代に入りました。空間の器となる内装材とは異なりインテリア雑貨は飽きたらすぐに取り換えられるため、簡単に気分を変えたり自分らしさを表現できるとして雑貨ブームが起こります。そしてインテリア空間は、ナチュラルを基調としながらそこにカジュアル風味を加える方向にシフトしていきます。

　この時代になると、ポスト団塊世代からハナコ世代や新人類世代[20]へとファーストバイヤーが移り変わっていきます。特にかわいらしさを求めるこの世代の嗜好とマッチし、一大トレンドとなったのが南欧風スタイルです。住宅の外観色はオレンジ、クリーム、ピンクなどの清色的な暖色系が多く使われました。それまで無彩色が基調だったキュービック型の住宅の外装色にオレンジ色が追加されたのもこの時代です。外壁色に合わせて床もテラコッタ調の彩度の高い色が使われました。

　清色的な外装色に合わせて、サッシカラーがこれまで主流だったブラックから、ホワイトや黄みのシルバーに取って代わられていくのもこの時代です。その後はシルバー系のサッシが戸建住宅の大半を占め、ブラックサッシは2010年代後半のヴィンテージ＆インダストリアルスタイルで復活するまでしばらく姿を消すこととなります。

　彩度の高い外装色を使った南欧風住宅は現在はあまり見られませんが、彩度を抑えたものは建売住宅の定番として今も残っています。インテリアも同様に、あたたかみの強い南欧風ではなく白を基調としたフレンチシックというようにシンプルにアレンジした形ではあるものの、特に若年層の女性に好まれるスタイルとして今でも根強く継続しています。

　また、この時代はガーデニング人気とも結び付いたテラスの提案も多く見られました。インテリアとつながるテラスでは床材にタイルやウッドデッキが使われるため、インテリア空間でもフローリング以外の素材としてタイルの提案が増えていきます。これまでの内と外が完全に分離した庭という概念から、テラス、ベランダ、アウトドアリビングなどの内と外をつなぐ空間のコーディネートが積極的に意識され始めた時代でもありました。

---

20 ハナコ世代は1959〜64年生まれで、バブル景気の時代に20代を過ごした世代。マガジンハウスの雑誌『Hanako』が名前の由来で、情報収集に熱心でモノ・コト消費を牽引した。新人類世代は1961〜70年生まれと定義されることが多い。高度経済成長時代に幼少期を過ごし、思春期や青年期にバブル期を迎えたため、消費意欲が高いという特徴はハナコ世代と同様である。

21 スペイン人によるアメリカ入植をきっかけに、16世紀初頭のフロリダからアメリカ南西部を中心に20世紀初頭にかけて発展した建築デザイン様式。

図表7-8　1990年代後半に流行した南欧風の住宅の外観（三井ホーム「DESIGN COLLECTION TRADITIONAL」）

スパニッシュ・コロニアル様式[21]の流れをくむ伝統的な南欧風スタイルの外観。この外観からは高級感が伝わってくるが、これよりカジュアル感が強いものも多く見られた。

図表7-9　1990年代後半の洋風カジュアルスタイルをイメージさせるインテリア（積水ハウス）

クリーム色の壁、オレンジ系のタイルを使った床、白い家具、彩色した藤の椅子など、南欧風の要素が盛り込まれた明るく開放的な空間。写真は2000年代に入ってからのものだが、1990年代後半から2000年代前半にかけて特に女性に人気の高かったインテリア。

2000年代前半
シンプルモダン全盛期

長く続いたナチュラル全盛時代のターニングポイントとなったのが2000年前後で、内外装ともに、これまでのかわいらしさのあるナチュラルスタイルからシンプルモダンスタイルへと変化しました。

この時代にはファーストバイヤーの中心が団塊ジュニアに移り、彼らの嗜好に合致するシンプルモダンなスタイルが脚光を浴びることになったのです。主に「都市型モダン住宅」というコンセプトで、外観は屋根の形状が陸屋根[22]や片流れ[23]などのキュービック型で、外部に面した窓は小さくなり、反対に中庭を設けて家の中に外部空間を取り込むという、外に閉じて内に開くスタイルの家が多くなりました。

インテリアは、バブル期に日本で仕事を行った海外のデザイナーが日本のデザインや文化を学び、そのシンプルなスタイルを「ZENスタイル」として海外で発表したものが逆輸入される形で浸透していきます。そのため、エッジの効いた直線基調のミニマリズムといわれるデザインが主流となります。

この時代は、長く使われることのなかった純白色がインテリアに登場します。また、明るい白木調一辺倒だった木目の色にも変化が見られ、ゼブラやウェンジのような黒に近い暗色が登場し、白と黒のハイコントラストで空間がつくられるようになりました。素材はアルミ、ガラス、磁器質のモザイクタイル、石材などのクールで硬質なものを使用するのが特徴です。このスタイルは、ハウスメーカーだけでなく都市型マンションのインテリアの主流にもなりました。

また、ブラウン管テレビが液晶やプラズマの薄型テレビに取って代わられ、スタイリッシュなAV機器が空間の主役としてモデルルームで積極的に提案されました。デザイン家電という言葉も生まれ、水回りのデザインが格段に向上するなど、生活空間のあらゆる場面でデザイン志向が顕著になった時代でもあります。人口が多い団塊ジュニア世代が親になる時代でもあったため、キッズインテリアへの注目も本格化しました。

モダン化の対極としてレトロ、和、エスニックといったよりくつろぎ感の強いインテリアがバランスを取る形で登場しているものの、2000年代前半はやはりシンプルモダン化とデザイン志向が大きなトレンドであったといえます。

---

22 「陸」は建築現場用語の一つで水平なことをいう。陸屋根は屋根形式の一つで、水平またはほとんど勾配がない屋根を指す。

23 屋根形式の一つで、片方に全面的に傾斜しているもの。

24 一般には住宅一次取得者層をターゲットにした、床面積30坪程度の土地付き戸建住宅を2000万〜4000万円程度の比較的低価格で分譲する建売住宅業者のこと。「勢いのある建設事業者」を意味する和製英語で、地価下落が続く1990年代後半から勢力を伸ばしてきた。

図表7-10　2000年代前半の代表的な「都市型モダン住宅」の外観
（旭化成ホームズ「ヘーベルハウス PAO」（2001年））

無彩色のキュービック型を基調とした都市型デザインのさきがけ。その後、各メーカーから同様のコンセプトの外観デザインが多く出された。モダンデザインは建築家に依頼する住宅ではそれまでにも見られたものの、ハウスメーカーで主流になっていくのは2000年代前半以降である。その後パワービルダー[24]や地方の工務店住宅にまで広がりを見せ、一大トレンドになっていく。

図表7-11　2000年代前半を代表するシンプルモダンなインテリア（積水ハウス）

黒に近いダークカラーのフローリングと白い壁のハイコントラスト、ガラスなどの硬質な素材、白や黒の家具など、スタイリッシュで緊張感のある空間が特徴。外観同様、この時代の大きなトレンドとなった。

2000年代後半
ナチュラル再流行&環境共生

2000年代前半のシンプルモダン化が極まったのが2005年ごろで、その後一転してナチュラルの揺り戻しがやってきます。2000年代後半には、明るい白木調のナチュラルな空間と暗色の木を使った落ち着いたオーセンティックな空間が2大潮流となりました。

この揺り戻しの理由の一つは、住宅購入のターゲットが団塊ジュニア世代だけではなく、その親世代である団塊世代に向かったことにあります。2007年に始まる団塊世代の大量退職に伴う住宅の建て替えや住み替え需要を狙い、彼らの嗜好イメージである居心地のよいナチュラル感覚や落ち着いた和風感覚を再び意識して商品がつくられたというわけです。当時のハウスメーカーの住宅展示場では、1階の親世帯は暗い木目のオーセンティックなスタイル、2階の子世帯は白木調のナチュラルなスタイルという二世帯住宅が一つの定番でもありました。

その一方で、黒をアクセントに使ったモダンゴージャスイメージの空間が高級タワーマンションを中心に出現します。クリスタルのシャンデリア、ペイズリー柄、モザイクタイルな

ど、色はクールでも装飾的で高級感あふれるインテリアがマンションのミニバブルとともに一部のトレンドとなりました。

2005年に構造計算書偽造問題[25]が、2008年に景気後退のきっかけとなるリーマン・ショック[26]が起こります。そのため2010年に近づくと、住宅においては高級感やデザイン訴求より機能性を重視する時代に戻ります。

また、2007年に京都議定書[27]が採択され、住宅だけでなく幅広い業界で地球温暖化対策が急務となり、エコやロハスといった環境を重視する動きが顕著になります。

インテリアにおいても環境共生がキーワードとなり、素材としてのナチュラル感だけでなく、風、光、空気といったものにまでその概念が広がっていきました。借景を生かしたインテリア、グリーンカーテン[28]、中庭、テラスなどを重視する動きもこの時代の特徴です。

---

25 千葉県にあった建築設計事務所の元一級建築士が、地震などに対する安全性の計算を記した構造計算書を偽装したとされる問題で、別名「耐震偽装問題」。2005年11月に国土交通省より公表された後、分譲マンションやホテルなどにおいて建築基準法で定める耐震強度指針値の半分以下という物件も見つかり、社会的に大問題となった。

26 国際的な金融危機の引き金となったアメリカの投資銀行リーマン・ブラザーズの経営破綻とその後の株価暴落などを指す。

27 気候変動枠組条約に基づき1997年に京都で開かれた「地球温暖化防止京都会議」で議決した議定書。地球温暖化の原因となる温室効果ガスの一種である二酸化炭素などについて、先進国における削減率を各国別に定め、共同で約束期間内に目標を達成することを定めている。

28 ゴーヤやアサガオなどの蔓植物を窓の外や壁面に張ったネットなどに這わせて、カーテンのように覆ったもの。強い日差しを遮って室内温度の上昇を抑制するとともに、植物の蒸散作用によって周囲を冷やすなど、夏場の省エネに有効なツールの一つとされている。

（左）図表7-12　今につながるナチュラルなインテリア（住友林業）
（右）図表7-13　今につながるオーセンティックなインテリア（住友林業）

2000年代後半、明るい木目のナチュラルなスタイルは二世帯住宅の子世帯向けに、ダークな木目の落ち着いたオーセンティックスタイルは親世帯向けに定番的に提案されていた。写真は普遍的な2つのスタイルを表現した現在のインテリア空間で、現在も最も人気のあるインテリアスタイルとして継続している。

図表7-14　グリーンカーテン
（旭化成ホームズ「ヘーベルハウス」）

旭化成ホームズは、壁面緑化や屋上緑化など植物の緑を使った環境共生住宅を数多く発表。緑が美しく映える白い外壁も特徴的だった。写真はグリーンカーテンの事例だが、自然の力を使って住環境を整備するという考え方はこの時代から始まった。

2010年代前半
デザインから機能性へ

　2011年に発生した東日本大震災は、これまでの生活価値観が一変するくらいの大きな衝撃がありました。2010年代前半はその影響が暮らし方はもとより、住宅、インテリアに至るまで色濃く反映された時代でした。

　まず、2008年のリーマン・ショック以降顕著になった機能性重視の流れが加速し、そこに耐震性、安全性という価値観が加わったうえにこれらの条件が最優先されるようになりました。また極端な電力不足から中間領域の提案が激減し、反対に太陽光発電システムを備えたスマートハウス[29]が激増しました。それまでの、太陽光発電等による「創エネ」、電気を蓄える「蓄エネ」、電力の消費を抑える「省エネ」に加え、HEMS[30]によるエネルギーの見える化も進んでいきました。

　外観は太陽光パネルの効率を上げるため、陸屋根に加え、正面玄関側である南面に屋根を吹き降ろす機能優先のデザインが目立って増えました。

　インテリアは震災の影響もあり家族のコミュニケーションを重視する動きが高まり、働く母親目線で使いやすい家事動線や、家族の協力で家事や炊事を行えるような提案が増えました。また、省エネという視点でLEDが注目され、照明にスポットが当たるようになりました。

　インテリアにおけるデザインという点ではあまり新しい動きはありませんでしたが、主要なターゲットであるジェネレーションY（Y世代）[31]に向けて、よりシンプルですっきりとしたナチュラルスタイルや、ITや機能性を付加したクールさやモダンさが加わる方向性が見られました。ナチュラルな内装をベースに、寒色系をアクセントに使う北欧モダンスタイルが若年層ターゲットのインテリアを中心に定番となった時代でもあります。

　2014年ごろにはフローリングがこれまでの突板から印刷に変わったことで、マンションを中心に一斉にトレンドのグレーカラーに変わりました。

　住宅自体は機能優先で、デザインは北欧モダンを中心としながらシンプルなデザインとグレー系を中心とするシックなインテリアに変わっていったといえます。2000年代後半に主流だった暗い木目のオーセンティックな空間は、この時期いったん姿を消しました。

29　ITを使って家庭内のエネルギー消費が最適に制御された住宅。具体的には太陽光発電システムや蓄電池などのエネルギー機器、家電、住宅機器などをコントロールし、エネルギーマネジメントを行うことで、CO_2排出の削減を実現する省エネ住宅のことを指す。

30　Home Energy Management System（ホームエネルギーマネジメントシステム）の頭文字をとってHEMS（ヘムス）という。スマートハウスの中核となり、住宅内のエネルギー機器や家電などをネットワーク化し、エネルギー使用を管理・最適化するシステムのこと。

31　欧米諸国で1980年代から2000年代初頭までに生まれた世代をいう。日本では1980年代初頭から95年前後に生まれた世代を指す。大半が両親とも戦後生まれであること、青年期にバブル経済を体験していないこと、インターネットをはじめとしたデジタルツールに親しんでいることなどからそれまでの世代とは大きく異なる特徴を持つ。

図表7-15　ソーラーパネル搭載の住宅
（積水化学工業「セキスイハイム スマートハイム」）

東日本大震災後激増したソーラーパネル搭載の
住宅の代表的な事例。なかでもユニット工法で
陸屋根が特徴の積水化学工業の住宅は、ソーラー
パネルを載せやすいデザインということもあり、
ソーラーパネル搭載住宅において業界No.1（2016
年12月同社調べ）の販売棟数を誇った。陸屋根以
外では、片流れ屋根に代わり南側に吹き下ろす
大屋根が増え、機能がデザインに影響を与えた
事例として注目された。

図表7-16　2014年のマンションにおける代表的なグレー系のシックなインテリア（東京建物「BAYZ TOWER&GARDEN※」）

これまでの突板のフローリングではありえなかった低彩度色が高精度の印刷によって自由につくられるようになり、グレー系のフローリングがトレンドとなった。同時にカーペットなどの床材もグレー系が増えた。それに伴い、壁、家具、ファブリックなどもグレーやグレイッシュカラーへと変化した。フローリングのグレー色の登場は、インテリアの変遷の中で大きなターニングポイントとなった。

※協力会社:東京建物(株)、三井不動産レジデンシャル(株)、三菱地所レジデンス(株)、東急不動産(株)、住友不動産(株)、野村不動産(株)、東京電力(株)

2010年代後半
ターゲットとスタイルの2極化

長らく続いたデフレ経済を払拭すべく、2012年に安倍晋三首相が再び政権を握ると、インフレターゲットが設定され大胆な金融緩和策が講じられます。いわゆるアベノミクス政策によって、いったんは円安、株高となり、経済が活性化し、資産を持つ人はより豊かになる流れとなりました。また、2015年には相続税が改正され、これまでより広い層で相続税対策が必要となりました。

そうした動きを受けて、資産家に向けて、まず賃貸・店舗併用住宅[32]が、その後賃貸・店舗専用住宅[33]が多くのハウスメーカーから提案されるようになりました。特に、都心立地では3階建て以上の多層階住宅が増え、従来の戸建住宅とは異なるミニビルのような形態の家が続々と提案され、この傾向は今も継続しています。

また、富裕層向けの高級邸宅も各社から多く提案されしのぎを削っています。外観デザインは水平基調の寄棟か、防犯性を意識した開口部の小さいスクエアなモダンデザイン、落ち着いた色彩、高級感あふれる素材感などが特徴です。

そうした住宅のインテリアは、印刷シートとの差別化としてマンションでは明るいベージュ系の石材、ハウスメーカーでは突板の上質な本物の木を使ったフローリングというように、より高級感のある素材が使われるようになっています。デザインの基本はプレーンな箱に上質な素材を使い、モダンな家具を入れるというスタイルです。

一方、差別化のために洋風エレガント感覚を取り入れたデザインも、主に女性をターゲットとした住宅や高級マンションで見られます。折り上げ天井、建築化照明、モダンにアレンジした洋風家具、框やレリーフなどのやや凝ったデザインが特徴です。

これらのインテリアは富裕層や資金に余裕のあるシニア層を中心に展開されていますが、一方で、金銭面にシビアでセンスにもうるさいファーストバイヤーに対しては、別の動きがあります。

それは、ヴィンテージ感覚、DIY[34]、リノベーションといったキーワードでくくられる、好きなものを自ら編集するというスタイルです。お手本となったのが倉庫を生かしたカフェなどの店舗デザインで、黒を効果的に使った「男前インテリア」などと呼ばれています。ただし、白、黒、グレー、青などのクールな色使いや、ビニールクロスより塗装や塗壁、無垢の木、モルタルなどの素材感重視という傾向は見られるものの、皆が同じ方向を向いているわけではなく、今後どのように変化していくのかが注目されます。また、この世代は夫婦共働き世帯が主流で、家事をシェアするという考え方が当たり前なので、働く女性の心に響く提案が重要となっていくでしょう。

このように、2010年代後半は富裕層と高感度ファミリー層という2大ターゲットに向けての提案、そして新築から中古＋リノベーションという流れが顕著であることも押さえておきたいところです。

---

32 自宅として使う戸建住宅の一部に、賃貸住宅や店舗をプラスした建物。家賃収入を建築資金の一部として考えることができる。
33 自宅として使うのではなく、賃貸住宅や店舗としての用途を目的とした建物。主に資産運用が目的のことが多い。
34 「Do It Yourself」の略。住宅インテリアにおいては住まい手が業者などに任せず自分自身で住まいやインテリアの修理や改修を行うこと。

図表7-17　2010年代後半の多層階住宅の
事例（パナソニック ホームズ「ビューノ9」）

店舗＆賃貸併用住宅として多層階住宅が各ハウ
スメーカーから出されたが、その代表商品の一
つ。9階建てのビルのような外観。

図表7-18　2010年代後半の高級邸宅のインテリア（積水ハウス）

ダークなフローリング、壁面の一部には石材をアクセントとして取り入れる
など、重厚な空間イメージを基調としながら高い天井と大開口で開放感を
与えた現在の高級邸宅の代表的な例。スタイリッシュさと格調の高さを併
せ持つ。このインテリアは2015年に発表されたものだが、その後同様の邸
宅デザインが市場に広がっていくこととなる。

図表7-19　女性の嗜好を意識した白い洋風
住宅（三井ホーム「chouchou」）

2010年発売。白を基調とした外観だけでなく、
インテリアにおいても白をベースにラベンダーや
ターコイズがアクセントカラーに使われ、エレガ
ントなイメージで展開された（P77参照）。フェミ
ニンかつすっきりとした印象の白い洋風は女性
の嗜好に合致し、その後各社に広がるきっかけ
となった。

図表7-20　ヴィンテージスタイルのインテリア
（パナソニック ハウジングソリューションズ）

こだわり派の若年層に人気のヴィンテージ感覚あふれるインテリア。もとも
とはリノベーション物件で多く見られたスタイルだが、ハウスメーカーやマン
ションデベロッパーなどの新築にも取り入れられ一大トレンドとなった。短
期的なトレンドはピークアウトしたが、質感を重視し、DIYなどで自分のスタ
イルにこだわるターゲットには人気のインテリアとして継続している。

2020年代前半
マルチプレイス化する住宅

新型コロナウイルス感染症のパンデミックは住宅のあり方に大きな変化をもたらしました。それまでは家は生活の場であり、特にくつろげることが重要でした。しかし、くつろぎの場に加え、働く場、遊ぶ場など、さまざまな目的を担うマルチプレイスとなったのです。特に第一波時は、家族全員が家で過ごすことを余儀なくされました。オンラインツールが普及して家にいながら仕事や勉強ができる環境が整ったものの、専用の空間を取れない家庭が圧倒的に多く、音や光の環境整備にも課題がありました。多くのハウスメーカーから書斎に相当する空間が、クローズド、セミクローズド、オープンの3タイプに分けて提案されました。ユニークなものとしては、発想を広げるためのオープンスペースとしてベランダやテラスの提案をする例も見られました。過去にも内と外をつなぐ中間領域は注目されたことはありましたが、コロナ禍にあって、狭い家の中の実質的に使える最後の砦のような存在として注目されたのです。

また、コロナ禍で必須となったのは清浄な空気と清潔感です。ベランダやテラスはその意味でも重要なスペースでした。玄関からほかの空間を通らずに洗面所に直行するプランや玄関脇に水回りを設置するプランが登場するなど、間取りも大きく変化し、タッチレスも一つのキーワードとなりました。

感染が少し落ち着くと、今度は癒しを求めてペットが注目されます。特に散歩の必要のないネコが人気で、高額なペット用品やペット共生住宅の提案も非常に多くなりました。

人々の住まいに対する考え方にも変化が見られ、毎日の通勤をする必要のない人は郊外に住んだり、自然の豊かな地方にあえて移住したりという選択もできるようになりました。そこで注目されたのが平屋住宅です。これまでは子供が巣立った後の夫婦のため住宅という位置付けでしたが、郊外の広い土地にあえて平屋を建てて子育てをしようという若い世代が新たなターゲットとなったのです。

2010年代後半は富裕層と若年層のファーストバイヤーの二大ターゲットが注目され、現在も継続していますが、新しい動きがあるのは若年層向けの提案です。コロナ禍ではモデルルームでの接客が厳しい時期がありました。また、予算が少ない割に情報量が多く成約まで時間のかかる顧客に対して、営業マンが介在する前に、インターネットを活用してある程度のプランや仕様を決めてしまおうという動きが一部のハウスメーカーで見られます。買い物はネットでするのが当たり前という世代では、たとえ高額な住宅であっても、この販売方法が定着する可能性は高いと思われます。外観とインテリアデザインは無彩色を基調にシンプルなものが多くなっています。

さらに今後は、持続可能な未来につながる住宅として、ZEH(ネット・ゼロ・エネルギー・ハウス)[35]やLCCM(ライフ・サイクル・カーボン・マイナス)住宅[36]が注目されていくでしょう。2010年代前半に見られたような、デザインより機能性を重視する流れも再び見られます。

図表7-21　インナーバルコニー（旭化成ホームズ「ヘーベルハウス onefitto」）

2020年、新型コロナ感染症の発生後に発売された商品。インナーバルコニーは、家にいながらアウトドア気分が味わえる。リフレッシュスペースとしてだけでなく、新たな発想を助けるためのワークスペースとしても提案されている。植物の緑をインテリア空間に取り入れる動きも顕著。

図表7-22　黒を使ったインテリア
（大和ハウス工業「Lifegenic」）

ネット販売の先駆けとなった商品。8つの外観スタイル、5つのインテリアスタイルが用意されている。写真は明るい木目に黒を組み合わせた「Nero & Rustic」スタイル。ヴィンテージ＆インダストリアルはよりすっきりとしたデザインで継続し、アクセントに黒を取り入れるトレンドも続いている。ほかの4つのインテリアスタイルもシンプル基調。

35　住宅の高断熱化・高効率化によって快適な室内環境と大幅な省エネルギーを同時に実現したうえで、太陽光発電などでエネルギーを創り、年間に消費する正味のエネルギー量をおおむねゼロとする住宅。

36　建設時、運用（居住）時、廃棄時においてできるだけ省CO_2に取り組み、さらに太陽光発電などを利用した再生可能エネルギーの創出により、建設時のCO_2排出量も含めてトータルのCO_2収支をマイナスにする住宅。

今後の傾向を
どう読み解くか

2010年代後半はターゲットやスタイルの2極化が特徴となっていますが、これからのインテリアを考えていくうえで、トレンドの捉え方をどのように見ていくかが重要となります。

ファッションのパリコレのような存在が、インテリアではミラノサローネ[37]やメゾン・エ・オブジェ[38]に当たります。毎年、出展する日本企業や情報収集のため参加する日本人が増え、また展示会のレポートをまとめたセミナーが活況を呈するなど、新鮮さを出すためのトレンド情報としてプロには必須なものとなっています。これらのトレンドは、まず高級ホテルや高級マンション、高級邸宅などの富裕層向けの分野で取り入れられ、そこから一般住宅、ファミリーマンション、地方の工務店住宅という具合にピラミッド状に一般へと広がっていきます。トレンドといっても、瞬間的に終わるものや高級住宅だけで終わるものもあれば、広く一般化するものもありますが、どちらかというと「ものの情報」といえます。

一方、ストリートファッションのような存在が、インテリアでは街や店舗などからの情報といえます。どんなデザインかという視点より、どんな暮らし方をしたいか、どんなライフスタイルを具現化したいかというのが重要なポイントです。前者に対し、こちらは「ひとの情報」といえるでしょう。

現在は「ものの情報」と「ひとの情報」が共存し、それぞれのターゲットに向けて提案がされています。しかし「ものの情報」はスタイルやテイストという考え方でくくることができるのに対し、「ひとの情報」は各人の好みであり、マスになりにくく読みにくいのが現実です。たとえ素敵なインテリアでも自分にしっくりこないものは取り入れず、リノベーションやDIYなどの手段を使って自己表現をしていくという流れになっています。特に編集能力の高い若年層に対しては、彼らの琴線に響く提案ができないと、プロといえども厳しい時代になっていくでしょう。誰に対して住宅をつくり売っていくのか、ターゲットを明確にして戦略を立てていく時代が本格的に来たようです。

さらに、2020年代前半のコロナ以降は、若年層のファーストバイヤーがいくつかのタイプに分かれていくものと思われます。

まず、通勤に便利な立地の高級マンションを購入したい夫婦共稼ぎの高所得層や、親に資産がありすでに土地を持っている戸建住宅建築層です。このタイプに対しては、よいもの、安心できるものがキーワードとなるでしょう。

次に、自分の希望をできるだけ反映させた家をつくっていきたいというこだわり層。リ

---

37 正式名称「ミラノサローネ国際家具見本市」。毎年4月にイタリアのミラノで開催される、世界最大規模の家具見本市。開催期間中はミラノ市内でもさまざまな企業やデザイナーによる展示が行われ、多くの人々で賑わう。
38 毎年1月と9月にフランス・パリで行われるインテリアデザインとライフスタイルの国際展示会。

ノベーションやDIYなどの手段を選ぶことが多く、住みながら家自体を成長させていくという考え方を持ちます。目的を持って地方に移住し、豊かな自然の中で子育てをしていきたいという層もここに該当します。マスにはなりにくいですが、素材感にこだわる本物志向の人たちでもあります。

最後に、コストに敏感で合理的に家づくりをしたい層です。ネットツールを活用した家づくりや、建売住宅、一般的なファミリーマンションの購入層で、夫婦で共働きをしながら子育てをするマス層です。質感より表面的なデザインやトレンドに敏感な人たちといえます。

このように、少子化で住宅着工件数が減っていくなか、ファーストバイヤーに対してはより細かいターゲット戦略が必要となっていくでしょう。

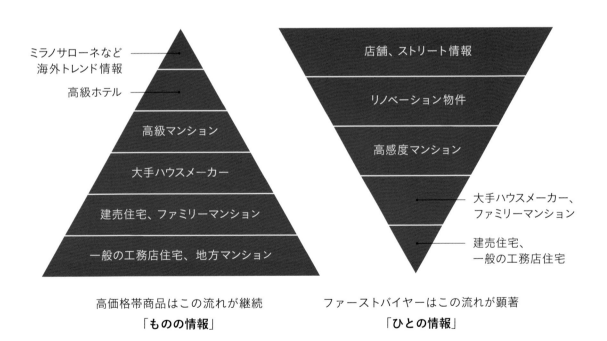

ミラノサローネなど
海外トレンド情報

高級ホテル

高級マンション

大手ハウスメーカー

建売住宅、ファミリーマンション

一般の工務店住宅、地方マンション

高価格帯商品はこの流れが継続
「ものの情報」

店舗、ストリート情報

リノベーション物件

高感度マンション

大手ハウスメーカー、
ファミリーマンション

建売住宅、
一般の工務店住宅

ファーストバイヤーはこの流れが顕著
「ひとの情報」

図表7-23　インテリアを考えていく際の2つの情報の流れ
高価格帯の商品は左のピラミッドのように「ものの情報」を重視しながら、トップダウンでインテリアのトレンドがつくられている。一方、ファーストバイヤーに向けた商品は右のピラミッドのように「ひとの情報」を基に、ボトムアップでインテリアのトレンドがつくられる。そのため双方向の流れを意識した情報収集が必要となる。海外トレンド情報は今後も注目していく必要があるが、高感度な若年層のライフスタイルを観察する重要性がさらに増していく。

索引

参考文献 (順不同)

『新編 色彩科学ハンドブック 第 3 版』日本色彩学会編　東京大学出版社

『JIS 標準色票 光沢版 第 8 版』日本規格協会

『カラーコーディネーター入門 色彩 改訂増補版』大井義雄・川崎秀昭著　日本色彩研究所監修　日本色研事業

『カラーコーディネーター検定試験 3 級 公式テキスト第 4 版』東京商工会議所編　東京商工会議所

『色感素養』小林重順編　佐藤勝一・杉山朗子・滝沢真美・田村真知子・堀口勢津子・岩松桂著　ダヴィッド社

『実践・色彩戦略』道江義頼著　日本能率協会

『改訂 インテリアとカラーコーディネート』道江義頼・室田理子著　山海堂

『地域イメージを活かす景観色彩計画』日本カラーデザイン研究所著　学芸出版社

『新カラーイメージ事典』小林重順・日本カラーデザイン研究所編・著　講談社

『配色イメージブック』小林重順監修　日本カラーデザイン研究所編　講談社

『配色イメージワーク』小林重順著　日本カラーデザイン研究所編　講談社

『カラーリスト』小林重順著　日本カラーデザイン研究所編　講談社

『カラーイメージスケール改訂版』小林重順著　日本カラーデザイン研究所編　講談社

『カラーシステム』小林重順著　日本カラーデザイン研究所編　講談社

『実践カラーデザイン』小林重順著　日本カラーデザイン研究所編　講談社

『配色歳時記』日本カラーデザイン研究所編・著　講談社

『心を伝える配色イメージ』日本カラーデザイン研究所編・著　講談社

『配色手帳』日本カラーデザイン研究所監修　玄光社

『カラーユニバーサルデザイン』カラーユニバーサルデザイン機構 (CUDO) 著　ハート出版

『CONFORT 1991 年 No.4 spring』建築資料研究社

『流行色 1993 年 7・8 月号 No.436』日本流行色協会

『ニューインテリア考　カラーイメージの流れ』日本インテリアファブリックス協会

『日経アーキテクチュア 1993 年 3.1 号 No.455』日経 BP 社

『インテリアプロ用語辞典』インテリア問題研究会編　ハウジングエージェンシー

『図解 インテリアコーディネーター用語辞典 改訂版』尾上孝一・大廣保行・加藤力編　井上書院

『インテリアスタイリング事典』塩谷博子編・著　川島インターナショナル

『色の用語事典』長谷井康子著　新星出版社

『大辞林 第三版』松村明編　三省堂

日本カラーデザイン研究所発行資料

「デザイントーン 130 シリーズ」
「MM カラーチャートⅡ」
「カラーレッスンベーシック」
「NCD セミナーテキスト」
会員配布資料「イメージ情報」1 号 (1982AW) ～ 75 号 (2019AW)

協力会社一覧 （敬称略・五十音順）

旭化成ホームズ株式会社

アスワン株式会社

カリモク家具株式会社

株式会社コスモスイニシア

住友林業株式会社

積水化学工業株式会社

積水ハウス株式会社

大和ハウス工業株式会社

東京建物株式会社

トーソー株式会社

TOTO 株式会社

パナソニック ハウジングソリューションズ株式会社

パナソニック ホームズ株式会社

株式会社ホテルオークラ東京

ミサワホーム株式会社

三井ホーム株式会社

三菱地所ホーム株式会社

株式会社 LIXIL

著者プロフィール

滝沢真美 (たきざわまみ)

日本女子大学家政学部卒業後、(株)日本カラー
デザイン研究所入社。就業の傍ら、日本女子大
学大学院家政学研究科通信教育課程家政学専
攻修了。現在、同社プロジェクト推進部シニア
マネージャー。入社以来、景観、建築、インテリ
ア＆エクステリア分野のカラー＆デザインを中心
に、関連企業の委託研究やコンサルティング、セ
ミナー、情報資料開発などを行う。そのほか、日
本女子大学、女子美術大学、東京家政学院大学、
駒沢女子大学非常勤講師や大田区景観アドバイ
ザー、印西市景観審議会委員を務める。インテ
リアコーディネーター、東商カラーコーディネー
ター1級 (環境色彩) 取得。著書はいずれも共著で
『地域イメージを活かす景観計画』(学芸出版社)、
『色感素養』(ダヴィッド社) がある。

株式会社日本カラーデザイン研究所

1967年創立。心理的な立場から、色彩、デザイ
ン、消費者嗜好などの研究に基づく情報を委託
研究やソフトウエアの開発、各種セミナーを通し
て、あらゆる業種の企業に幅広く提供している。
オリジナルのシステムとして、マンセル表色系に基
づいた「HUE&TONEシステム」、ライフスタイル
分析や商品イメージ計画などに役立つ「イメージ・
スケール」がある。

住宅インテリアのための
実践カラーテクニック

[改訂版]

2019 年 3 月 15 日　初版第 1 刷発行
2023 年 1 月 16 日　改訂版第 1 刷発行

発行者　　前川圭二
発行所　　トーソー株式会社　トーソー出版
　　　　　〒104-0033 東京都中央区新川 1-4-9
　　　　　TEL. 03-3552-1001
　　　　　https://www.toso.co.jp/book
著者　　　滝沢真美（株式会社日本カラーデザイン研究所）
企画　　　神谷悟　藤橋佳子（トーソー株式会社）
制作　　　株式会社デュウ
　　　　　〒101-0051 東京都千代田区神田神保町 2-40-7
　　　　　友輪ビル 2F
　　　　　TEL.03-3221-4022
編集　　　水谷浩明　川下靖代（株式会社デュウ）
AD　　　 草薙伸行（Planet Plan Design Works）
デザイン　蛭田典子　村田亘（Planet Plan Design Works）
印刷・製本　大日本印刷株式会社